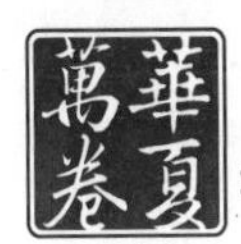

## 吴玉生行楷

# 把书法老师请回家

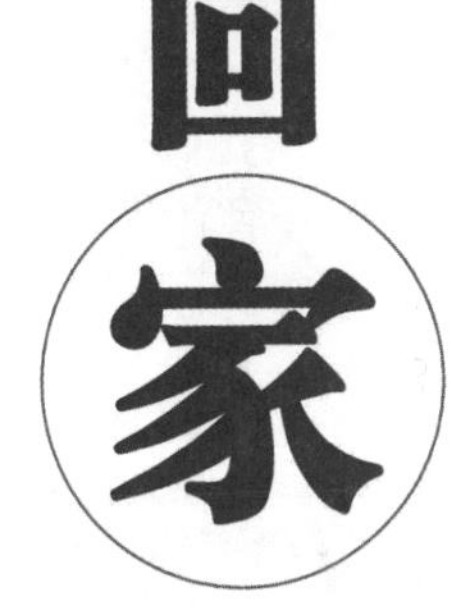

吴玉生 书
标准行楷规范书写人

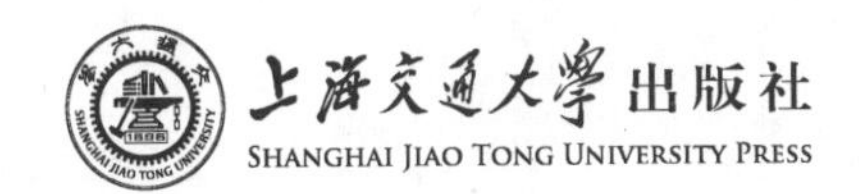

**图书在版编目（CIP）数据**

把书法老师请回家．吴玉生行楷 / 吴玉生书．—上海：
上海交通大学出版社，2014
（华夏万卷）
ISBN 978-7-313-11119-7

Ⅰ.①把…　Ⅱ.①吴…　Ⅲ.①钢笔字-行楷-法帖
Ⅳ.①J292.12

中国版本图书馆 CIP 数据核字（2014）第 090086 号

**把书法老师请回家　吴玉生行楷**

作　　者：吴玉生
出版发行：上海交通大学出版社　　地　　址：上海市番禺路 951 号
邮政编码：200030　　电　　话：021-64071208
印　　刷：成都蜀望印务有限公司　　经　　销：全国新华书店
开　　本：787mm×1092mm　1/16　　印　　张：9
字　　数：72 千字
版　　次：2014 年 9 月第 1 版　　印　　次：2019 年 3 月第 12 次印刷
书　　号：ISBN　978-7-313-11119-7
定　　价：20.00 元

# 快速应用指南

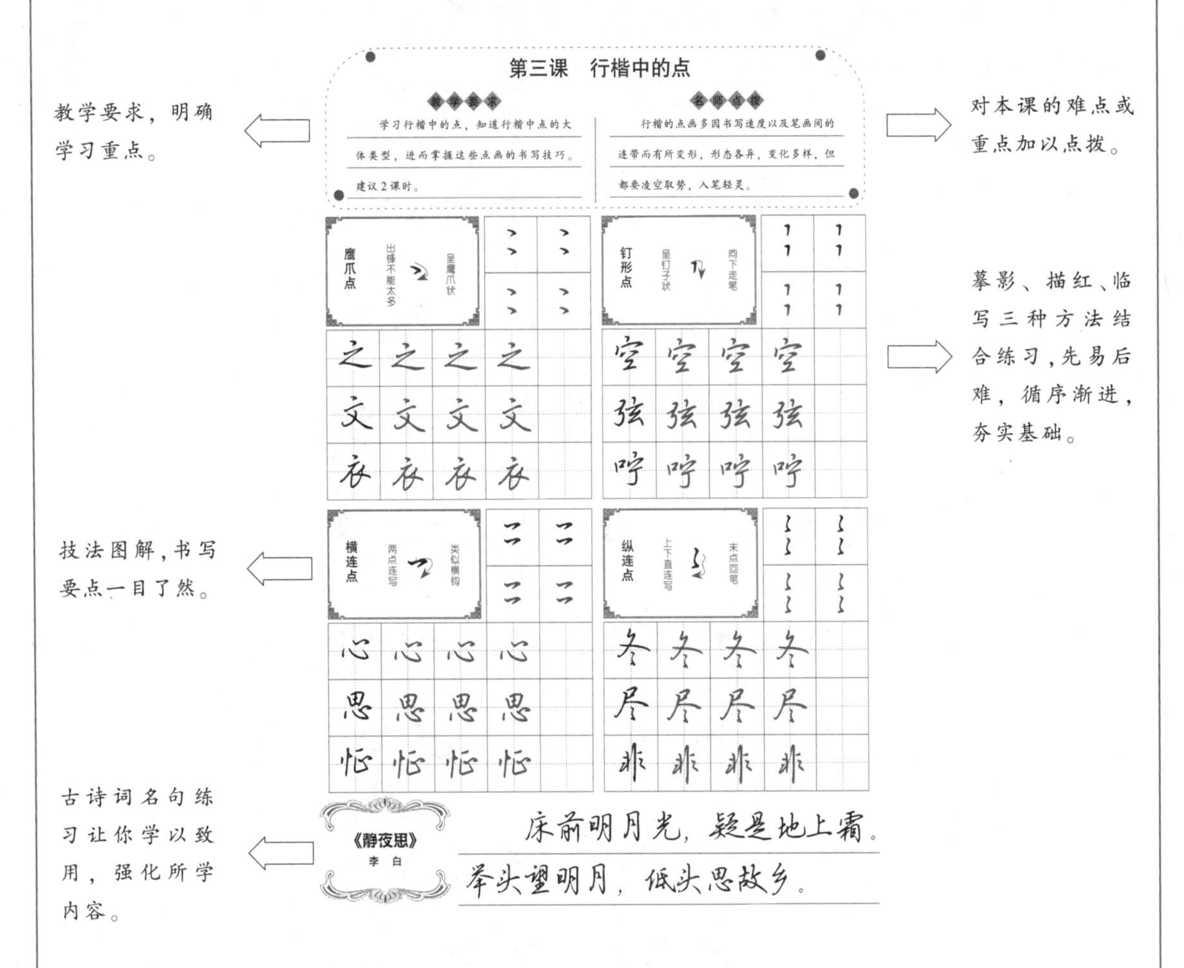


# 练字六要点

1. **处理好临与摹的关系**。初学者由于自由书写已成习惯，在字形大小、笔画粗细、间架结构、用笔动作等各方面都与原帖存在很大的差距，应提倡多摹少临。

2. **定时**。能坚持每天临摹并保证足够的临摹时间，不可断断续续，时多时少。

3. **定量**。贪多求快，浮光掠影，达不到长期记忆的效果。临摹要取得好效果，定量很重要，宁少毋多，少则得，多则惑。提倡一个范字写十次，不提倡十个范字写一次。

4. **先慢后快**。书写动作由生到熟，先慢后快，熟能生巧。慢求稳，快易乱。

5. **注意调剂心情**。练字的时候要心平气和、善始善终。如果心平气和，则能静下心来认真练字；如果心烦意乱，沉不住气，则效果甚微。

6. **不要轻易变换字体**。练字要有恒心、有毅力，要持之以恒，切忌三天打鱼，两天晒网。

一幅书法作品，不论竖式还是横式，周边都要留白，不能顶天立地，撑得太满，否则不便于装裱裁边又壅塞憋气。作品留白，上下与左右并不均等：竖式作品需取纵势，故上“天”和下“地”留白多，左右边留白少；横式作品需取横势，故左右两边留白多，而上下边留白较少，以求同横式结构协调。

大雨落幽燕白
浪滔天秦皇岛
外打鱼船一片
汪洋都不见知
向谁边往事越
千年魏武挥鞭
东临碣石有遗
篇萧瑟秋风今
又是换了人间
浪淘沙北戴河
乙丑年夏吴玉生书

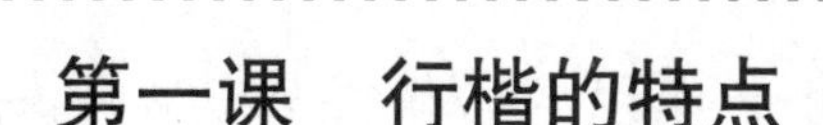

# 第一课　行楷的特点

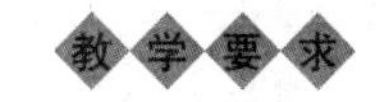

**教学要求**

学习行楷的特点，把握行楷与楷书在书写上的区别和联系，达到认识行楷这一独立字体的目的。建议2课时。

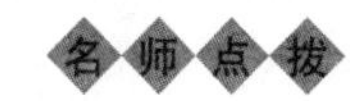

**名师点拨**

本课重点在于理解、把握行楷与楷书的区别和联系，把握了这种区别和联系，有助于我们轻松自如地掌握行楷的特点。

书法所呈现的书体主要有篆书、隶书、楷书、行书、草书等，行楷属于行书范畴。广义上的行书可追溯到周代钟鼎器物上不尚工整的铭文和汉代木牍竹简上便捷急就的章草，可看成是当时的“大篆行书”和“隶字行书”。狭义上的行书，与楷书有着密切联系。从字面上看，“行”即流动，可视为流动的楷书；就形体而言，介于楷书与草书之间。把行书写得工整一些，便是“行楷”。由于行楷书写既不像楷书那样严谨、费时，又不像草书那样不易辨认，故成为深受人们偏爱的适用范围最广、使用频率最高的一种书体。

书写实践已经证明，持硬笔同样能写出篆、隶、草、行、楷等各种书体。书体不同，书写要求也不一样。行楷作为一种相对独立的书体，有其自身的书写规则。细究起来不难发现，行楷就是对楷书笔画进行合理地省减、变形和连带形成的，从而达到提高书写速度的目的。

与楷书相比，行楷呈现以下特点，认识这些特点，有助于我们在练习过程中很好地分析、把握行楷的要领。

**1. 行笔轻盈**

书写楷书，运笔稳实、缓慢，笔画讲究工整、挺健。书写行楷，运笔轻松、便捷，线条追求流畅、明快之感。

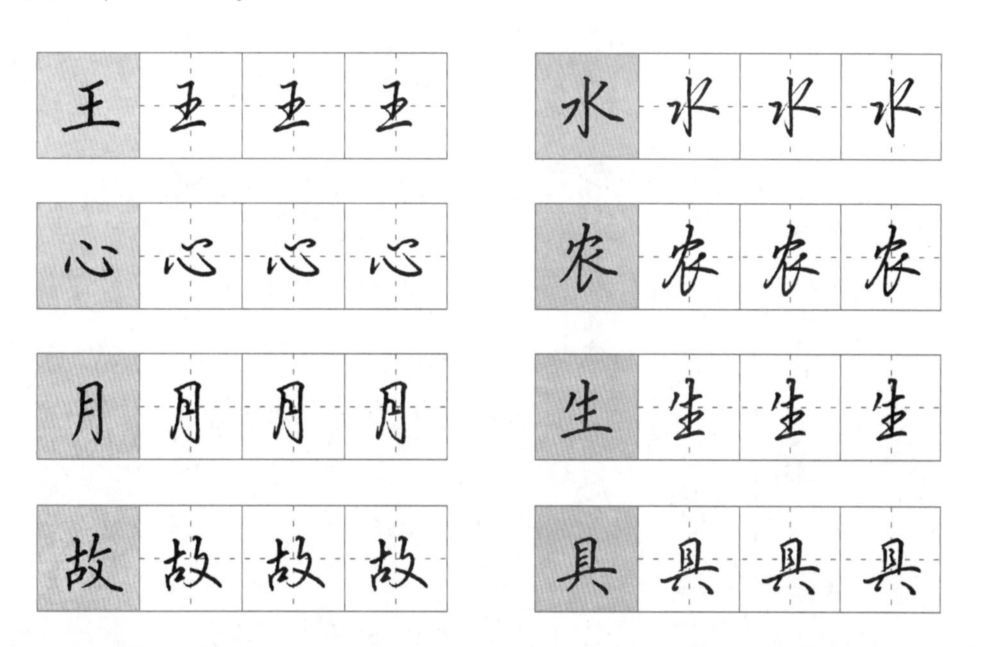

# 第四十课　行楷作品欣赏与创作

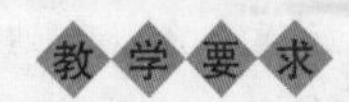
教学要求

欣赏行楷作品，了解一幅书法作品的构成要素、书写规律，学着自己创作一幅行楷书法作品。建议2课时。

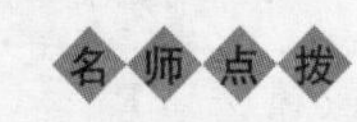
名师点拨

所有书法作品的构成要素都是一样的，但不同幅式的书法作品的书写要求和规律是有区别的，大家要注意学习。

一幅完整的书法作品由正文、落款和钤印三部分组成，缺一不可，它们便是章法的三要素。正文就是书法作品书写的主体部分；落款就是书法作品内容的出处和书写时间及书者姓名；钤印就是在书写者姓名后钤上名号印，以示负责。

金樽清酒斗十千玉盘珍馐直万钱停杯投箸不能食拔剑四顾心茫然欲渡黄河冰塞川将登太行雪满山闲来垂钓碧溪上忽复乘舟梦日边行路难行路难多歧路今安在长风破浪会有时直挂云帆济沧海

李白行路难　吴玉生书

2. 点画灵动

书写楷书，笔画造型完整，点画之间呼应关系比较含蓄。书写行楷，点画相对活泼，连带显露，点、钩、挑等动感笔画明显增多。

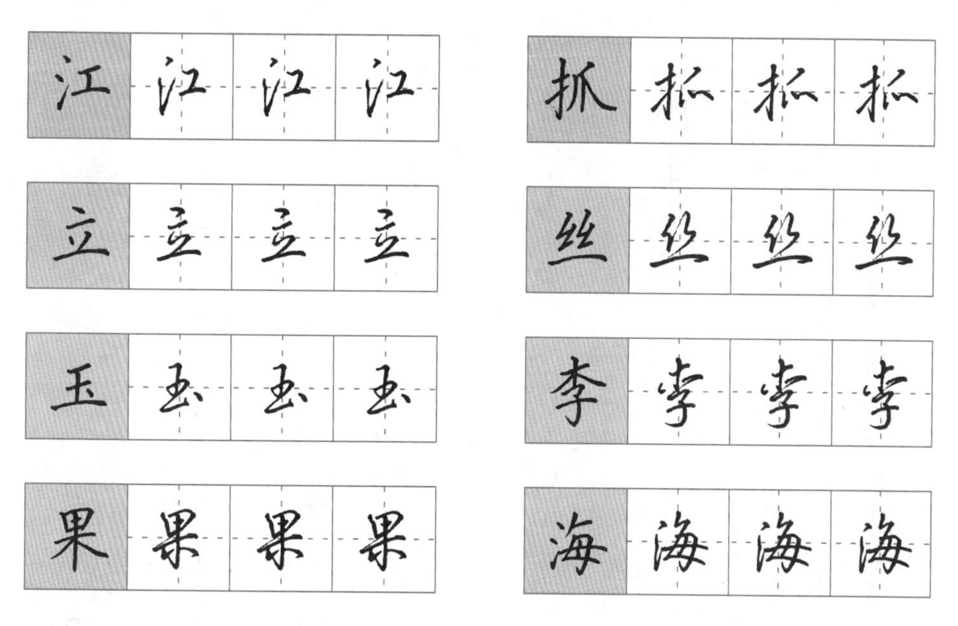

3. 字形多变

楷书的字形平正端庄，通篇整齐均匀，相映如一。行楷的字形，则变化多姿，通篇大小相间，正敧相错，甚至同一个字可以有多种写法。

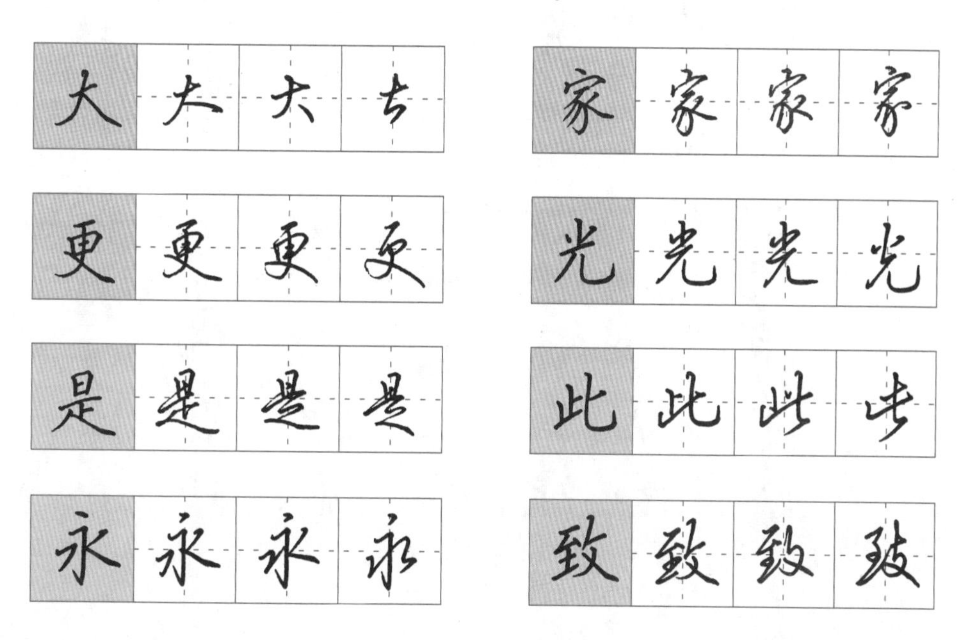

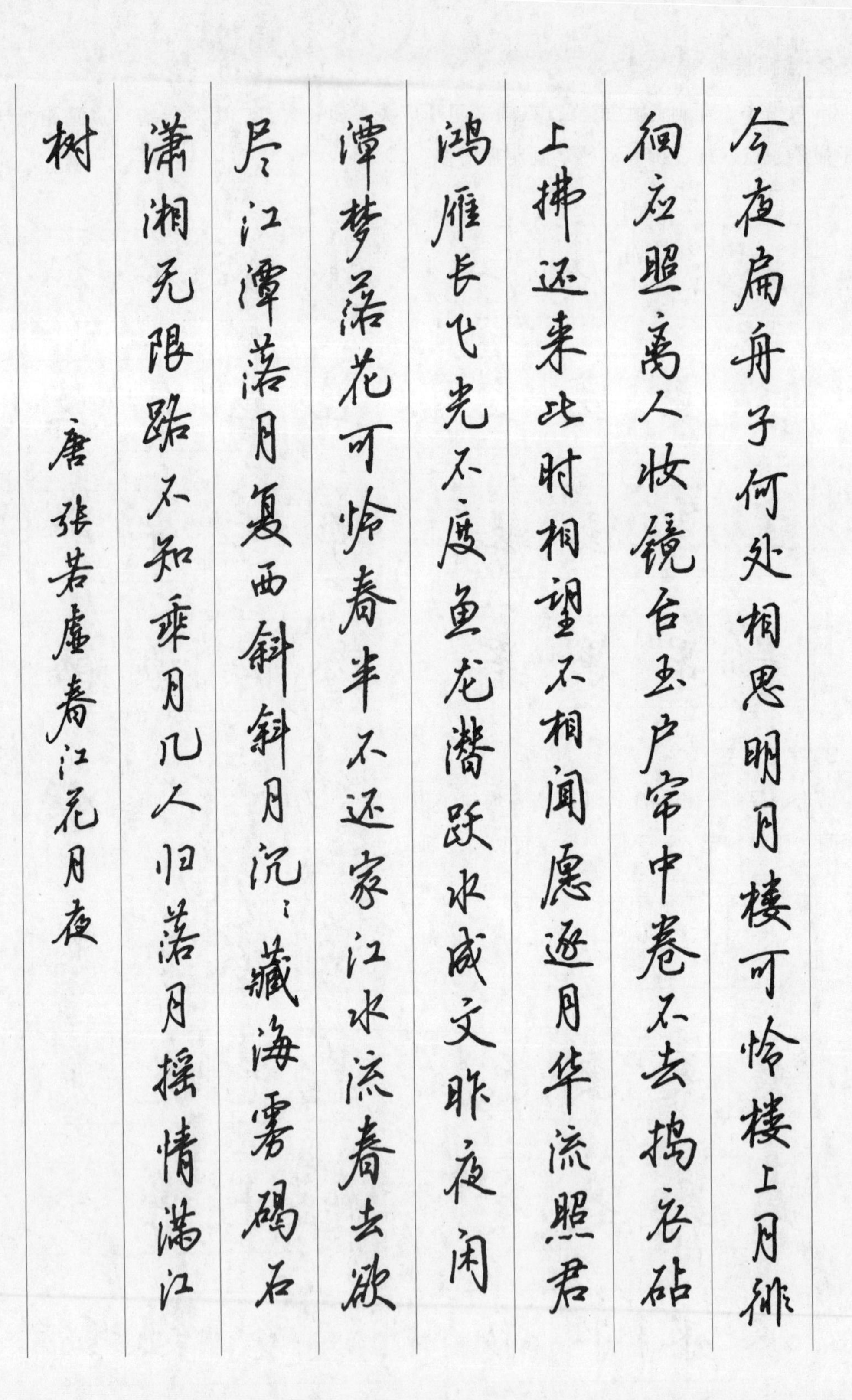
今夜扁舟子何处相思明月楼可怜楼上月徘
徊应照离人妆镜台玉户帘中卷不去捣衣砧
上拂还来此时相望不相闻愿逐月华流照君
鸿雁长飞光不度鱼龙潜跃水成文昨夜闲
潭梦落花可怜春半不还家江水流春去欲
尽江潭落月复西斜斜月沉沉藏海雾碣石
潇湘无限路不知乘月几人归落月摇情满江
树
唐 张若虚 春江花月夜

# 第二课　行楷的书写技巧

**教学要求**

学习行楷的书写技巧，从整体上认识、掌握行楷字体的书写要点，为接下来的具体学习打下基础。建议3课时。

**名师点拨**

需要注意的是，在实际书写中，以下6种途径通常是综合运用的，之所以分条叙述，旨在方便大家理解。

**1. 变长为短，缩短行笔量度**

楷书笔画，特别是一些行笔距离较长的长横、长竖、长捺，均要求书写到位，而书写行楷，为节省时间，则可把楷书中的长笔画简化缩短。

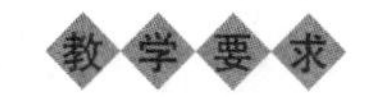

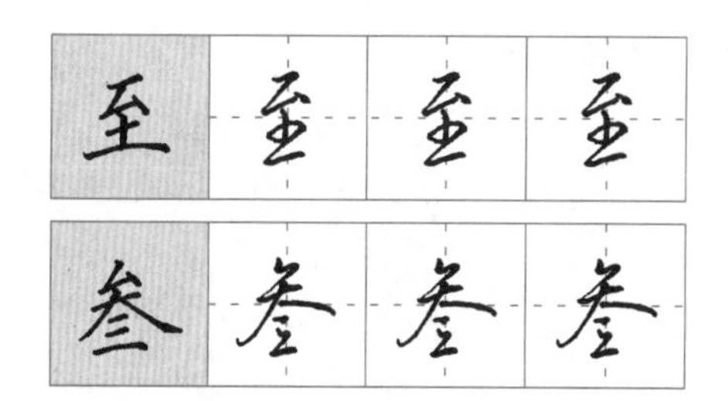

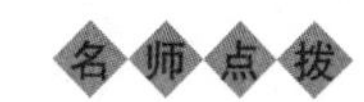

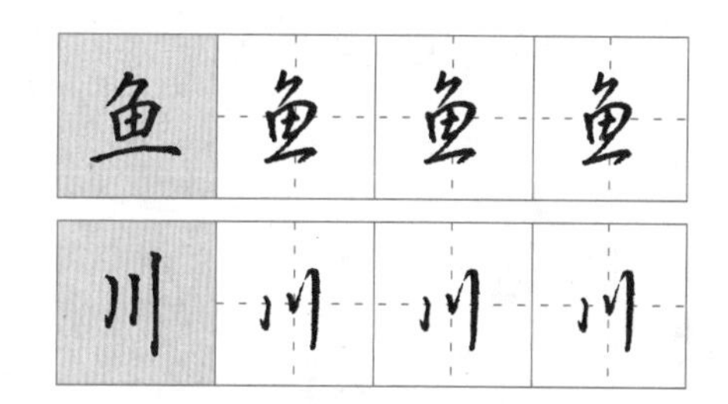

**2. 变慢为捷，调整书写笔顺**

书写楷书，要遵循"先横后竖、先撇后捺、从上到下"等笔顺规则，而书写行楷，为了连写的便捷，有时可适当改变楷书的笔顺，但不可生造笔顺。

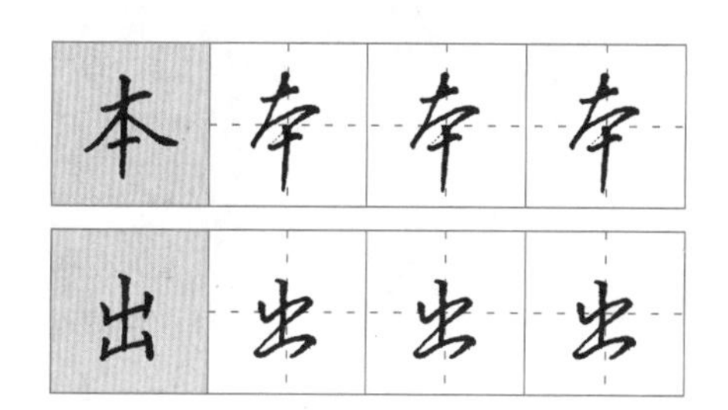

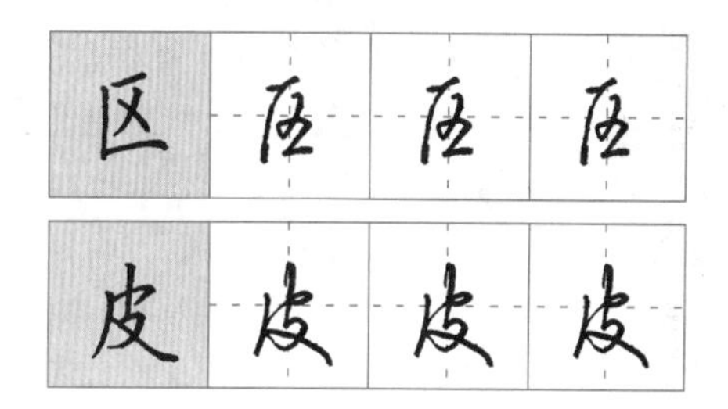

**3. 变大为小，改造笔画形态**

书写楷书，点、横、竖、撇、捺等笔画均要完整地表现出来，而书写行楷，则可对一些笔画进行合理的变形，以点等形体较小的笔画代替形体较大的笔画。如以点代横、以点代撇、以点代捺等，变化丰富多彩。

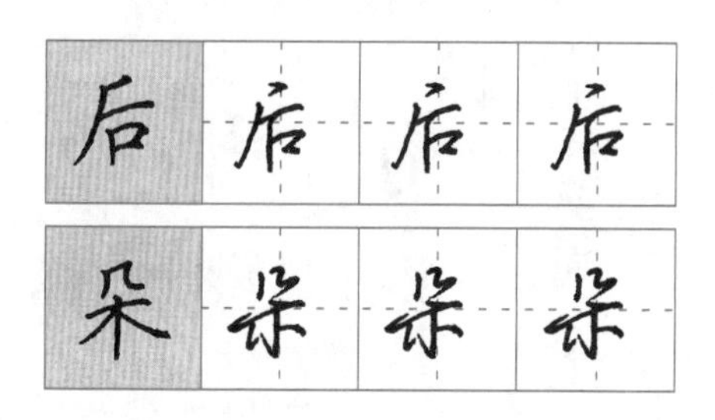

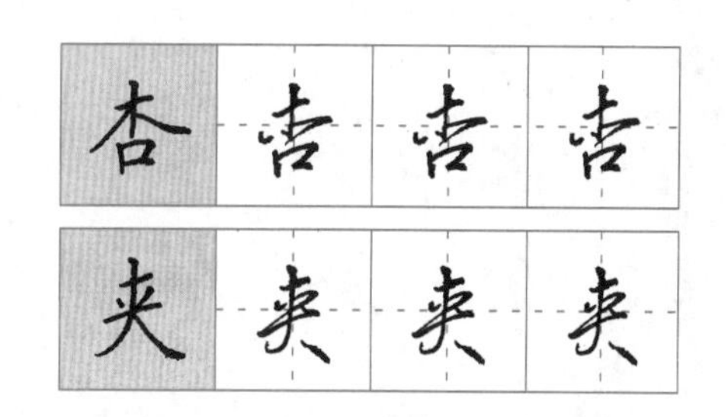

# 第三十九课 行楷的书写练习(二)

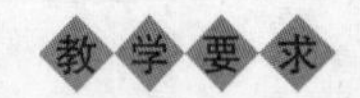


学习行楷的纵向书写，把握行楷纵向书写的一般规律，学用结合，为书写作品奠定基础。建议2课时。

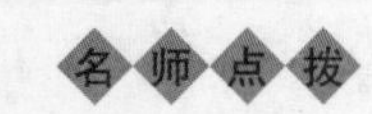


行楷的纵向书写，应该从右至左书写，笔势应向下引导，首行不需空字，书写有规律的诗词一般不落标点。

行楷字的竖写，是效仿毛笔书法作品传统的表现形式。竖向排列书写行楷，字形略长，连带笔势呈向下引导。竖写时首行不需空字，书写有规律的诗词可不落标点符号。书写白话文，为了便于认读断句，也可写标点符号，但要尽可能把标点写得小而精致，不占太多位置，不影响整体画面。竖写时，通常是从右至左移行。

春江潮水连海平海上明月共潮生
滟滟随波千万里何处春江无月明
江流宛转绕芳甸月照花林皆如
霰空里流霜不觉飞汀上白沙看不
见江天一色无纤尘皎皎空中孤月轮
江畔何人初见月江月何年初照人
人生代代无穷已江月年年只相似不
知江月待何人但见长江送流水白
云一片去悠悠青枫浦上不胜愁谁家

4. 变直为弧，减少方折顿挫

书写楷书，对于有些方折笔画要求有一定的顿挫，做到棱角分明，而书写行楷，则常将一些方折笔画用弧线表现出来，显得更为流动。

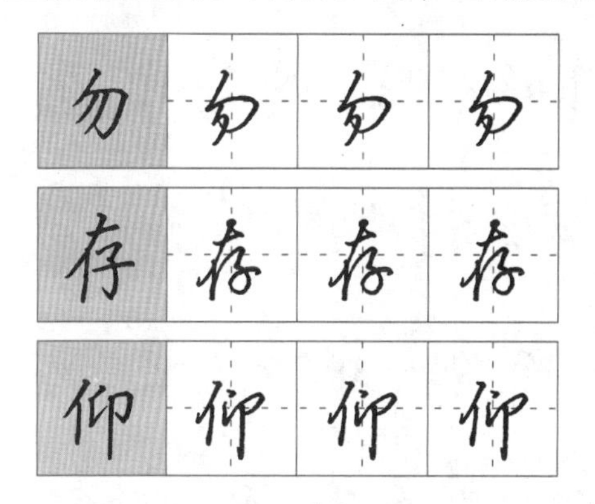

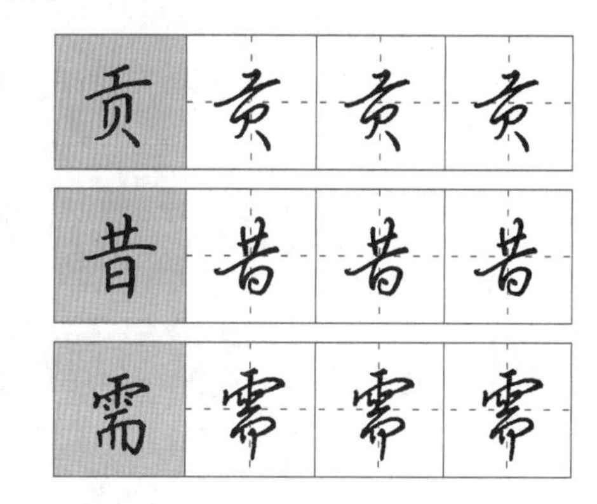

5. 变多为少，连写相邻笔画

书写楷书，每个笔画各自独立，而书写行楷，往往将相邻的笔画连写，以减少起笔、收笔的频率，有的字一笔便可写成，简捷明快。

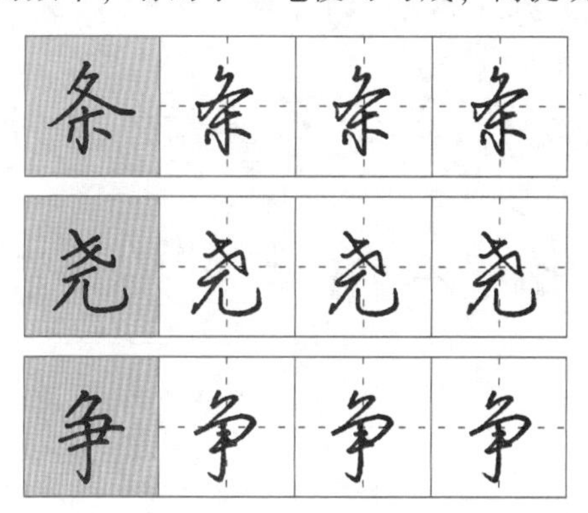

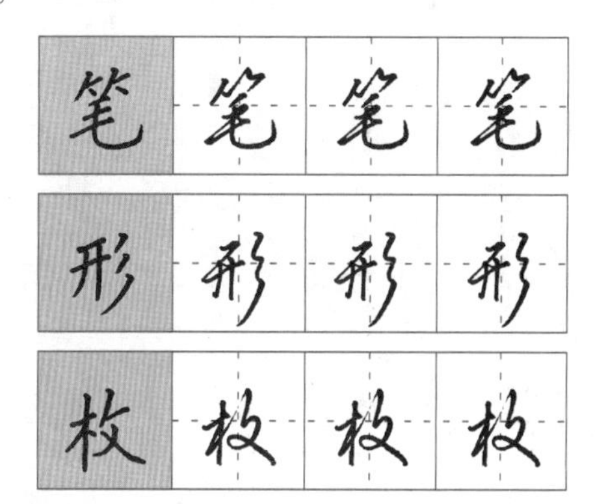

6. 变繁为简，引用草意写法

书写楷书，无论多么复杂的笔画，都不能省略，而书写行楷，则可适当将一些字草化，即勾画出字的轮廓，合理引用草意，增强线条流动感，可以调节行楷字的行气。

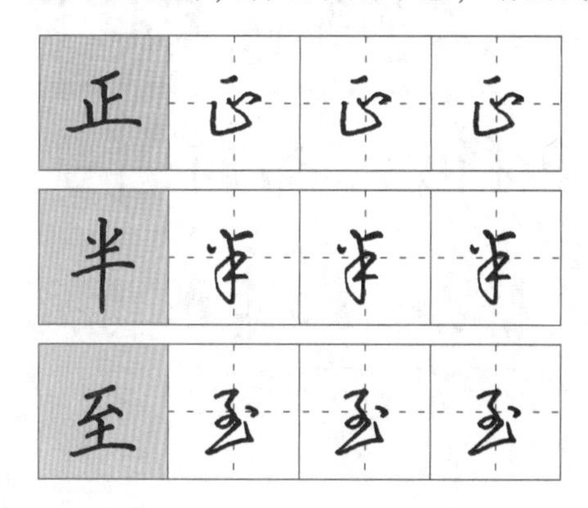

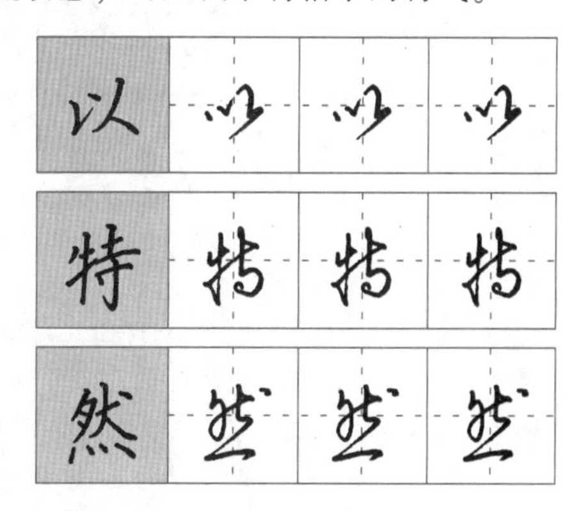

外人，黄发垂髫，并怡然自乐。

见渔人，乃大惊，问所从来。具答之。便要还家，设酒杀鸡作食。村中闻有此人，咸来问讯。自云先世避秦时乱，率妻子邑人来此绝境，不复出焉，遂与外人相隔。问今是何世，乃不知有汉，无论魏晋。此人一一为具言所闻，皆叹惋。余人各复延至其家，皆出酒食。停数日，辞去。此中人语云："不足为外人道也。"

既出，得其船，便扶向路，处处志之。及郡下，诣太守说如此。太守即遣人随其往，寻向所志，遂迷，不复得路。南阳刘子骥，高尚士也，闻之，欣然规往，未果，寻病终。后遂无问津者。

# 第三课　行楷中的点

学习行楷中的点，知道行楷中点的大体类型，进而掌握这些点画的书写技巧。建议2课时。

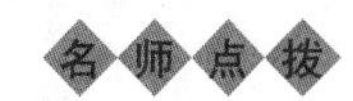


行楷的点画多因书写速度以及笔画间的连带而有所变形，形态各异，变化多样，但都要凌空取势，入笔轻灵。

鹰爪点：出锋不能太多　呈鹰爪状

之　之　之　之
文　文　文　文
衣　衣　衣　衣

钉形点：呈钉子状　向下走笔

空　空　空　空
弦　弦　弦　弦
哼　哼　哼　哼

横连点：两点连写　类似横钩

心　心　心　心
思　思　思　思
忙　忙　忙　忙

纵连点：上下直连写　末点回笔

冬　冬　冬　冬
尽　尽　尽　尽
非　非　非　非

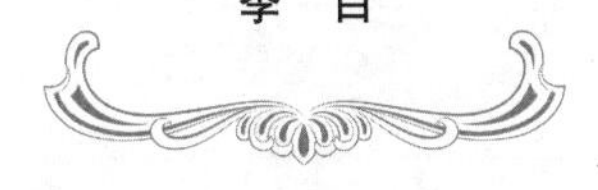

《静夜思》
李　白

床前明月光，疑是地上霜。
举头望明月，低头思故乡。

# 第三十八课 行楷的书写练习(一)

学习行楷的横向书写，把握行楷横向书写的一般规律，学用结合，在实际书写中巩固前面所学。建议2课时。

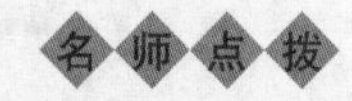


由于是横向书写，连带笔画应尽量作横向引导，同时减少方折和纵向长距离运笔，也要遵循横向书写中的移行和标点规律。

行楷横写，是现代实用书写普遍采用的形式。横向排列书写行楷，字形宜方，连带笔画尽可能横向引导，减少方折和纵向长距离运行笔画，并把移行规则和标点符号作为重要组成部分。比如，首行空两字，每行首字位置不宜写除左引号、左括号、破折号、省略号、左书名号以外的其他标点符号，省略号不宜在上行尾和下行首断开书写，逗号、顿号、句号、冒号、分号要写得易于识别，并依附在字的右下侧，等等。

桃花源记　　陶渊明

晋太元中，武陵人捕鱼为业，缘溪行，忘路之远近。忽逢桃花林，夹岸数百步，中无杂树，芳草鲜美，落英缤纷。渔人甚异之。复前行，欲穷其林。

林尽水源，便得一山。山有小口，髣髴若有光。便舍船，从口入。初极狭，才通人，复行数十步，豁然开朗。土地平旷，屋舍俨然，有良田、美池、桑竹之属。阡陌交通，鸡犬相闻。其中往来种作，男女衣着，悉如

# 第四课　行楷中的横

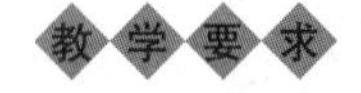

**教学要求**

学习行楷中的横，了解行楷中横的基本类型，进而掌握这些横画的书写技巧。建议2课时。

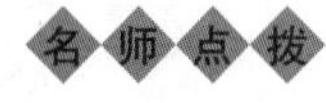

**名师点拨**

横画如“房梁”，要写得平直刚健、有起有结，但在行楷中要有所变化，连横书写更要流动自然。

**上挑横**

横上仰挑出

左　左　左　左

吞　吞　吞　吞

者　者　者　者

**切笔横**

逆向入笔

末端启上或启下

了　了　了　了

宅　宅　宅　宅

起　起　起　起

**回笔横**

横右端回向左下

启带下部

王　王　王　王

法　法　法　法

岩　岩　岩　岩

**连横**

两横连写

连带轻细

三连横同两连横，只是三横连写。

车　车　车　车

丰　丰　丰　丰

寿　寿　寿　寿

《八阵图》

杜　甫

功盖三分国，名成八阵图。

江流石不转，遗恨失吞吴。

# 第三十七课　行楷的结构练习(五)

**教学要求**

学习行楷书写中的横为主笔、竖为主笔、撇捺为主笔和钩为主笔，掌握“主笔突出”这一结构原则。建议2课时。

**名师点拨**

写好每一个字中的主笔，即可把握好全字的结构。字的中线两侧结构形态基本一致时，书写时要注意掌握好平稳匀称。

**横为主笔**

丁 —— 横为主笔舒展大方

横为主笔，宽展有气势。

| 丁 | 丁 | 丁 | 丁 | | |
|---|---|---|---|---|---|
| 六 | 六 | 六 | 六 | | |
| 要 | 要 | 要 | 要 | | |

**竖为主笔**

巾 —— 竖画伸展挺拔

竖为主笔，竖直字正。

| 巾 | 巾 | 巾 | 巾 | | |
|---|---|---|---|---|---|
| 升 | 升 | 升 | 升 | | |
| 币 | 币 | 币 | 币 | | |

**撇捺为主笔**

八 —— 捺画伸展

撇捺为主笔，要注意对弧度、长度的把握。

| 八 | 八 | 八 | 八 | | |
|---|---|---|---|---|---|
| 皮 | 皮 | 皮 | 皮 | | |
| 夷 | 夷 | 夷 | 夷 | | |

**钩为主笔**

心 —— 舒展大方

钩为主笔，注意长度、弧度因字而异。

| 心 | 心 | 心 | 心 | | |
|---|---|---|---|---|---|
| 电 | 电 | 电 | 电 | | |
| 也 | 也 | 也 | 也 | | |

**《终南望余雪》**

祖　咏

终南阴岭秀，积雪浮云端。

林表明霁色，城中增暮寒。

# 第五课　行楷中的竖

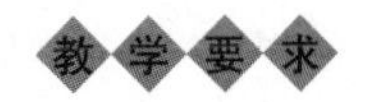


学习行楷中的竖，了解行楷中竖的基本类型，进而掌握这些竖画的书写技巧。建议2课时。

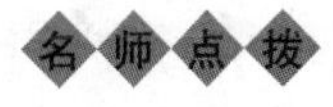


竖画如字的骨骼，在字中起支撑作用，要写得刚劲有力、正直不斜，重点掌握连写过程中的牵丝连带。

**右钩竖**　启带右部　竖下端向右上出钩

| 化 | 化 | 化 | 化 | |
|---|---|---|---|---|
| 徐 | 徐 | 徐 | 徐 | |
| 仁 | 仁 | 仁 | 仁 | |

**附钩竖**　竖末端向左上出钩　启带下笔

| 未 | 未 | 未 | 未 | |
|---|---|---|---|---|
| 来 | 来 | 来 | 来 | |
| 末 | 末 | 末 | 末 | |

**悬针竖**　垂直向下　勿显轻浮

| 中 | 中 | 中 | 中 | |
|---|---|---|---|---|
| 年 | 年 | 年 | 年 | |
| 耳 | 耳 | 耳 | 耳 | |

**连竖**　左短右长　左右连写　末竖悬针

三连竖同两连竖，前两竖可用横连点代之。

| 到 | 到 | 到 | 到 | |
|---|---|---|---|---|
| 顺 | 顺 | 顺 | 顺 | |
| 前 | 前 | 前 | 前 | |

**《鹿柴》**
王　维

空山不见人，但闻人语响。
返景入深林，复照青苔上。

# 第三十六课 行楷的结构练习(四)

**教学要求**

学习同一个字中出现重横、重竖、重撇捺和重钩时如何书写，掌握“同中求变”这一结构原则。建议2课时。

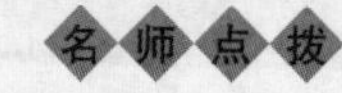

**名师点拨**

如果在一个汉字中有相同的笔画，要注意适当地变化，不然整个字看上去无灵气，因此在书写时要注意这类字的书写规则。

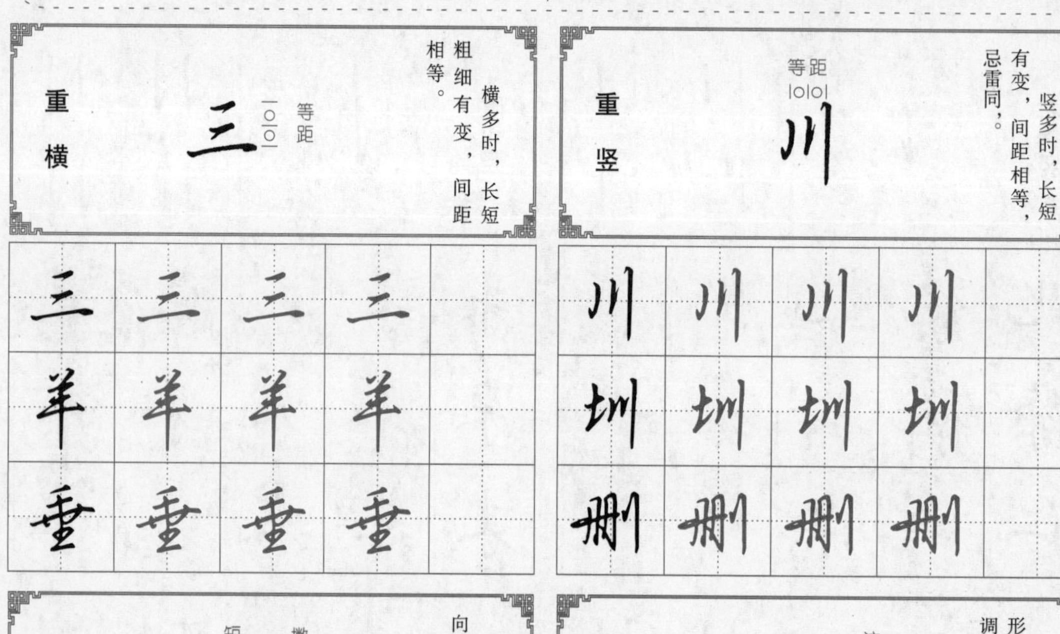


重撇捺

影

短 长 撇画长短变化

重撇捺时，方向、长短要变化。

重钩

完

注意钩的变化

重钩时，注意形态变化及方向的调整。

| 影 | 影 | 影 | 影 | |
|---|---|---|---|---|
| 象 | 象 | 象 | 象 | |
| 余 | 余 | 余 | 余 | |

| 完 | 完 | 完 | 完 | |
|---|---|---|---|---|
| 凫 | 凫 | 凫 | 凫 | |
| 兢 | 兢 | 兢 | 兢 | |

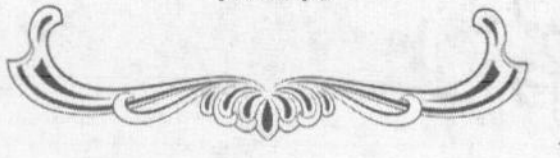

《秋夜寄邱员外》

韦应物

怀君属秋夜，散步咏凉天。

空山松子落，幽人应未眠。

# 第六课 行楷中的撇捺

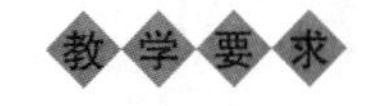


学习行楷中的撇捺，了解行楷中撇捺的基本类型，进而掌握这些笔画的书写技巧。建议2课时。

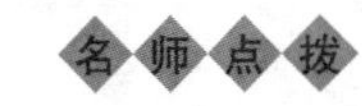


撇捺笔画如字的手足，要写得生动活泼。为了提高书写速度，行楷的撇捺收笔处多不出锋，而是有所变化。

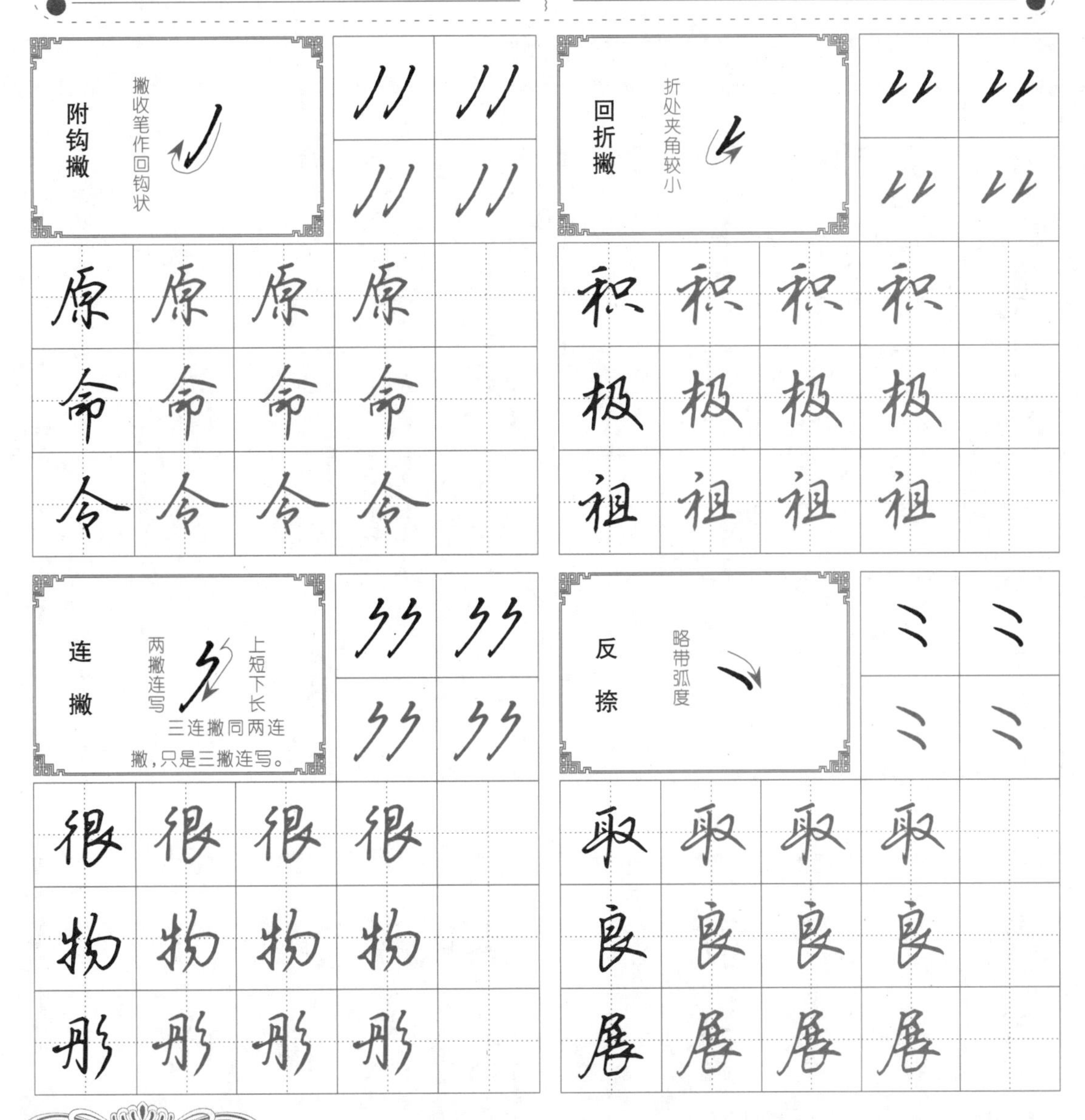


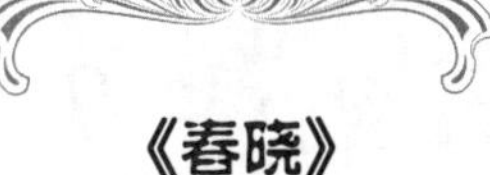

**《春晓》**

孟浩然

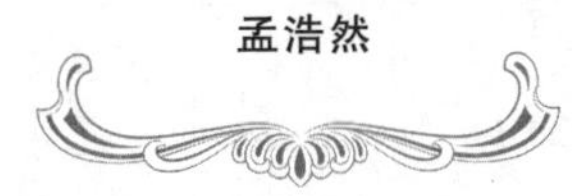

春眠不觉晓，处处闻啼鸟。

夜来风雨声，花落知多少。

# 第三十五课 行楷的结构练习(三)

教学要求

学习行楷书写中的字简、字繁、字收和字放的不同写法，掌握它们的应用。建议2课时。

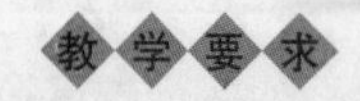

名师点拨

为了增加字形的变化，同样一字，相同一笔，皆可作出多种处理方法，或长或扁、或收或放，勿显单调雷同。

**字简** 七 笔画舒展

字简者，笔画较少，干脆利落。

| 七 | 七 | 七 | 七 | |
|---|---|---|---|---|
| 之 | 之 | 之 | 之 | |
| 女 | 女 | 女 | 女 | |

**字繁** 囊 笔画紧凑

字繁者，笔画较多，笔笔紧收。

| 囊 | 囊 | 囊 | 囊 | |
|---|---|---|---|---|
| 锹 | 锹 | 锹 | 锹 | |
| 鑫 | 鑫 | 鑫 | 鑫 | |

**字收** 尘 字形紧凑

涉及各部位的穿插、搭配，有些部分该收则收。

| 尘 | 尘 | 尘 | 尘 | |
|---|---|---|---|---|
| 联 | 联 | 联 | 联 | |
| 替 | 替 | 替 | 替 | |

**字放** 食 字形舒展

为了避让，某些部位收，另外部分则大胆放开。

| 食 | 食 | 食 | 食 | |
|---|---|---|---|---|
| 表 | 表 | 表 | 表 | |
| 盛 | 盛 | 盛 | 盛 | |

《哥舒歌》
西鄙人

北斗七星高，哥舒夜带刀。
至今窥牧马，不敢过临洮。

# 第七课　行楷中的简化符号(一)

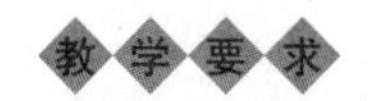

教学要求

学习"2"字符、"3"字符、闪电符和蟹爪符这四个简化符号，了解它们的使用情况，掌握它们的书写技法。建议2课时。

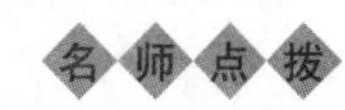

名师点拨

这四个简化符号都是一种形象的比喻，特别是"2"字符和"3"字符，可用于多种笔画的减省书写，要多加练习。

"2"字符　形似"2"　常用于纵向两点或连横的连写。

水 水 水 水

羽 羽 羽 羽

眺 眺 眺 眺

"3"字符　形似"3"　有些字减省笔画可用此法。

月 月 月 月

道 道 道 道

直 直 直 直

闪电符　由撇、横折撇组成　一笔连写

危 危 危 危

免 免 免 免

灸 灸 灸 灸

蟹爪符　竖钩点画连写　形似蟹爪

寺 寺 寺 寺

待 待 待 待

村 村 村 村

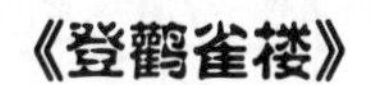

《登鹳雀楼》

王之涣

白日依山尽，黄河入海流。

欲穷千里目，更上一层楼。

# 第三十四课 行楷的结构练习(二)

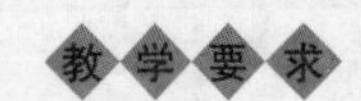


学习行楷书写中的字高、字矮、字正和字斜的不同写法，掌握它们的应用。建议2课时。

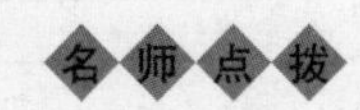


行楷在书写时，要特别注意笔画在结构中起到的作用。字正，笔画左右支撑，平稳均衡；体斜，笔画平衡其间，斜而不倒。

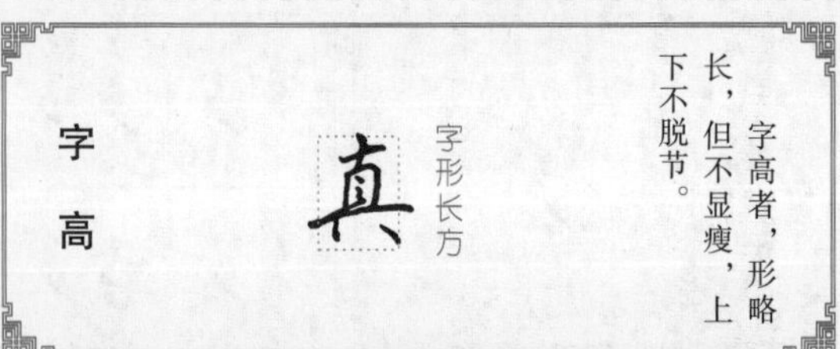


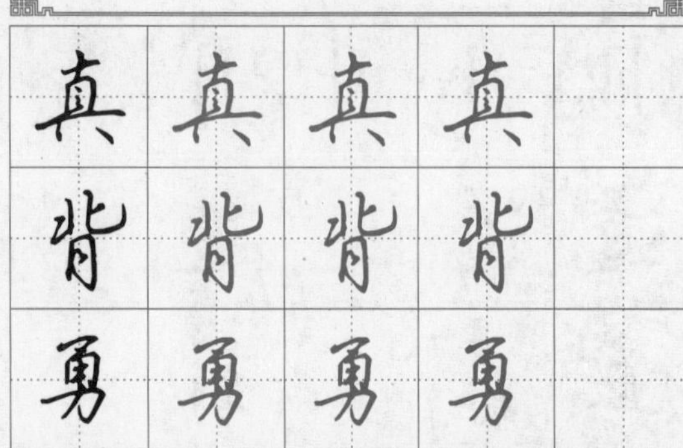


字矮

四 字形扁宽

字矮者，宜呈扁形。

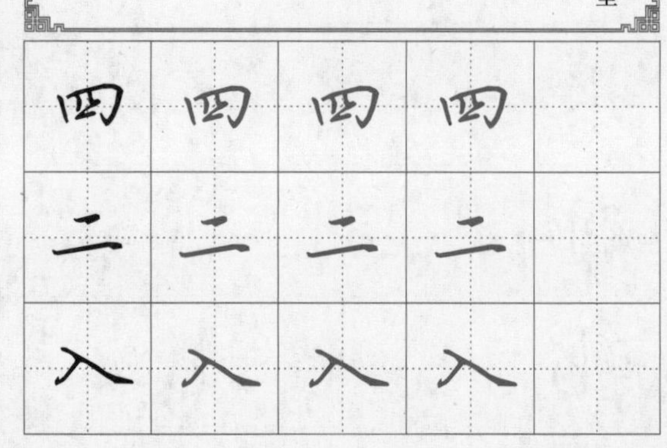


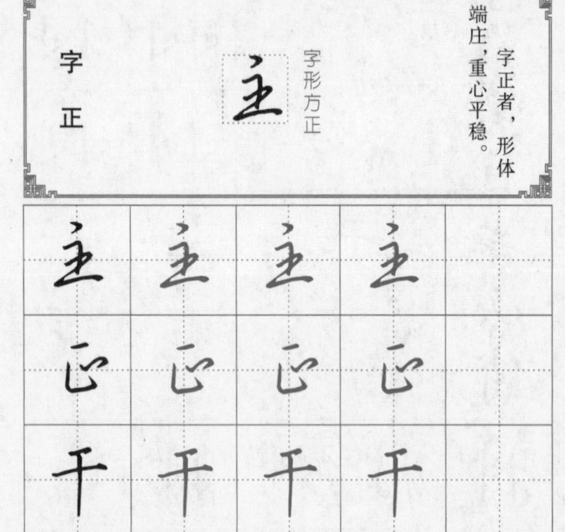


字斜

戈 重心平稳

字斜者，以侧取势，注意重心，斜而不倒。

戈 戈 戈 戈

夕 夕 夕 夕

少 少 少 少

**《塞下曲四首(其三)》**

卢纶

月黑雁飞高，单于夜遁逃。
欲将轻骑逐，大雪满弓刀。

# 第八课　行楷中的简化符号(二)

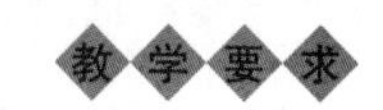

教学要求

学习简化符号——小曲折、大曲折、方折线和连折线，了解它们的使用情况，掌握它们的书写技法。建议2课时。

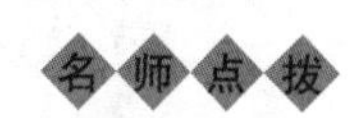

名师点拨

笔画之间的过渡在笔还没有完全离纸，连带中所产生的虚笔称为“牵丝”，应用熟练自然可起到美化的作用。

**小曲折**　几个笔画折笔而成　形宜小

拖 拖 拖 拖

奇 奇 奇 奇

参 参 参 参

**大曲折**　折笔而成　横画略上凸

帝 帝 帝 帝

画 画 画 画

安 安 安 安

**方折线**　竖提相连

拘 拘 拘 拘

牲 牲 牲 牲

轮 轮 轮 轮

**连折线**　上下折笔相连　线条流畅

韦 韦 韦 韦

系 系 系 系

紧 紧 紧 紧

《问刘十九》
白居易

绿蚁新醅酒，红泥小火炉。
晚来天欲雪，能饮一杯无。

# 第三十三课　行楷的结构练习(一)

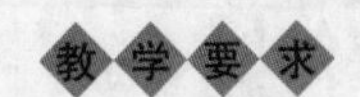

学习行楷书写中的字大、字小、字宽和字窄的不同写法，掌握它们的应用。建议2课时。

名师点拨

字的美观与否需看整体，而不是哪一笔，所以我们在书写时需顾及整体效果。字的大、小、疏、密要作适当调整，自然协调。

**字大**

艨

笔画收敛　字形紧凑

字形本身大者，不宜写小，也不宜肥。

**字小**

口

笔画饱满

字形本身小者，不宜写大，但不乏气势。

| 艨 | 艨 | 艨 | 艨 | | |
|---|---|---|---|---|---|
| 鹜 | 鹜 | 鹜 | 鹜 | | |
| 馨 | 馨 | 馨 | 馨 | | |

| 口 | 口 | 口 | 口 | | |
|---|---|---|---|---|---|
| 日 | 日 | 日 | 日 | | |
| 田 | 田 | 田 | 田 | | |

**字宽**

册

宽而不肥

字宽者，形应稍扁，但注意左右的距离，扁而不肥。

**字窄**

月

字形窄长

字窄者，形窄长，但不枯瘦。

| 册 | 册 | 册 | 册 | | |
|---|---|---|---|---|---|
| 混 | 混 | 混 | 混 | | |
| 抛 | 抛 | 抛 | 抛 | | |

| 月 | 月 | 月 | 月 | | |
|---|---|---|---|---|---|
| 角 | 角 | 角 | 角 | | |
| 身 | 身 | 身 | 身 | | |

《渡汉江》
李频

岭外音书绝，经冬复立春。
近乡情更怯，不敢问来人。

# 第九课 行楷中的简化符号(三)

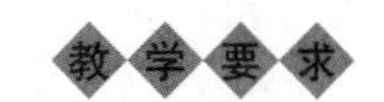

学习正线结、反线结、圆线结和土线结这四个简化符号，了解它们的使用情况，掌握它们的书写技法。建议2课时。

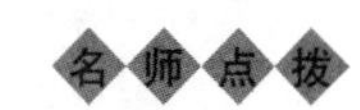

行楷的很多笔画都有简省，不同程度地解决了楷书运笔、转笔速度缓慢的问题，提高了书写速度，要注意加强练习。

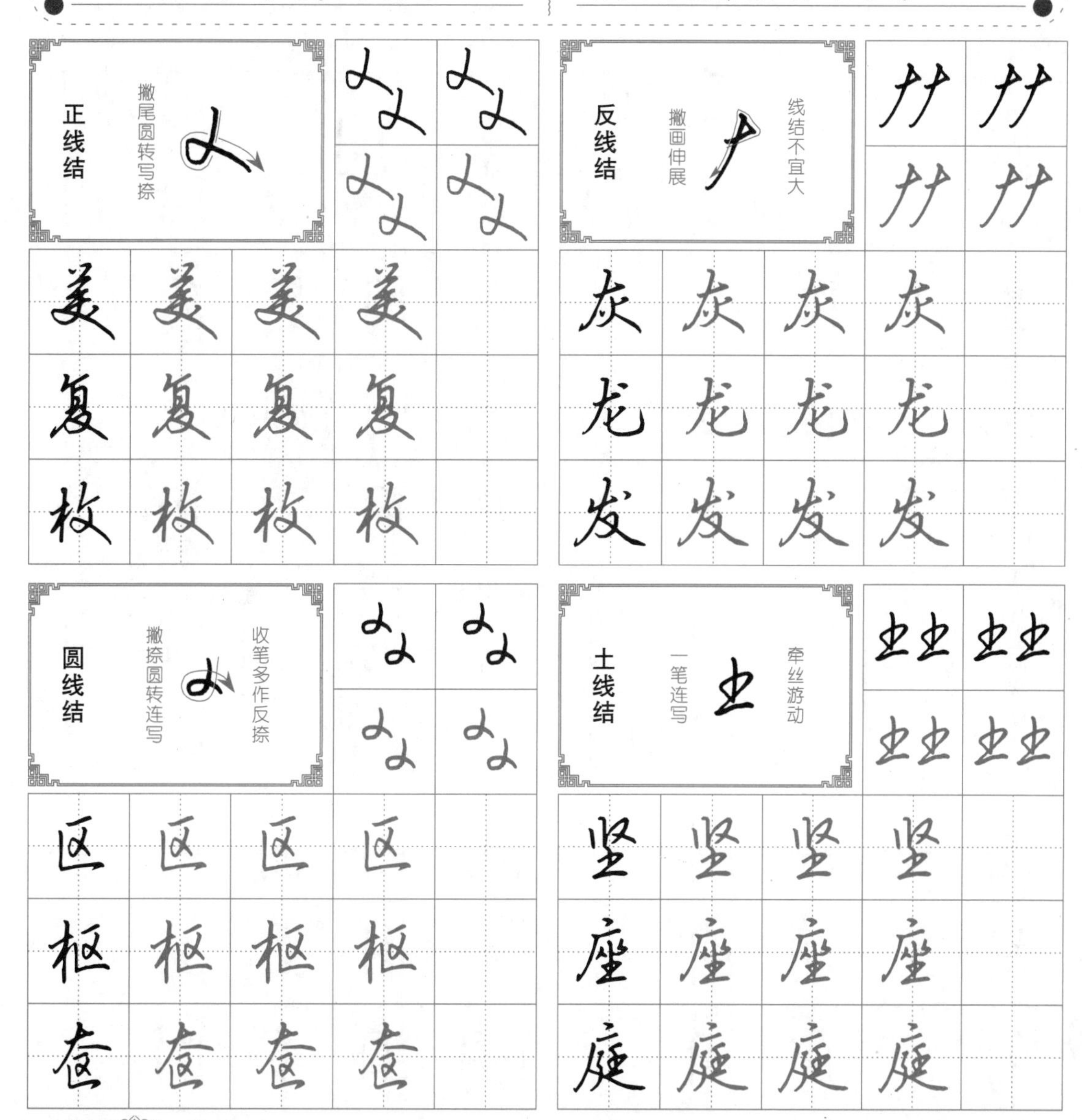

《送上人》
刘长卿

孤云将野鹤，岂向人间住。
莫买沃洲山，时人已知处。

# 第三十二课　包围结构字中的偏旁(四)

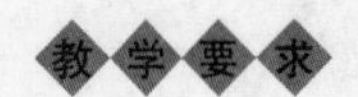


学习包围结构字中的偏旁——区字框、同字框、门字框和国字框，掌握它们的写法和应用。建议2课时。

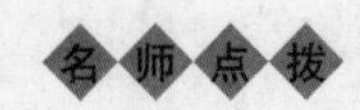


区字框是左包右结构字的偏旁，同字框和门字框是上包下结构字的偏旁，国字框是全包围结构字的偏旁，都要写得方正。

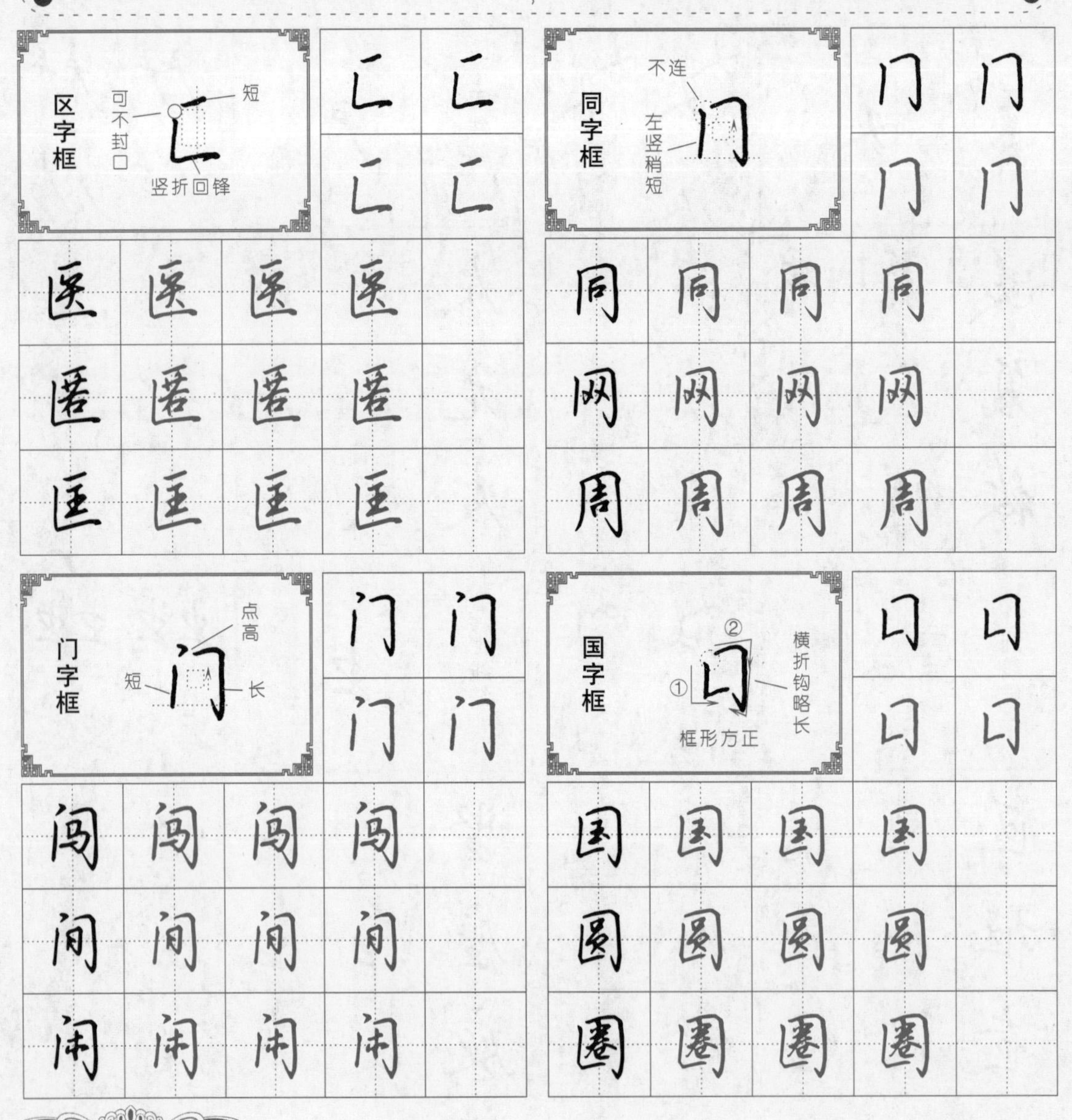


《行宫》
元稹

寥落古行宫，宫花寂寞红。
白头宫女在，闲坐说玄宗。

# 第十课 左右结构字中的左偏旁(一)

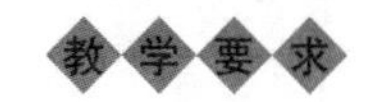


学习左右结构字中的左偏旁——口字旁、日字旁、山字旁和石字旁，掌握它们的写法和应用。建议2课时。

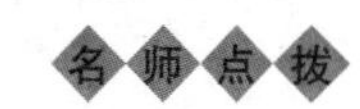


本课以及后面两课所学的偏旁，都属于左偏旁中的短小偏旁，书写时不宜写大，应位居左上，不可下坠。

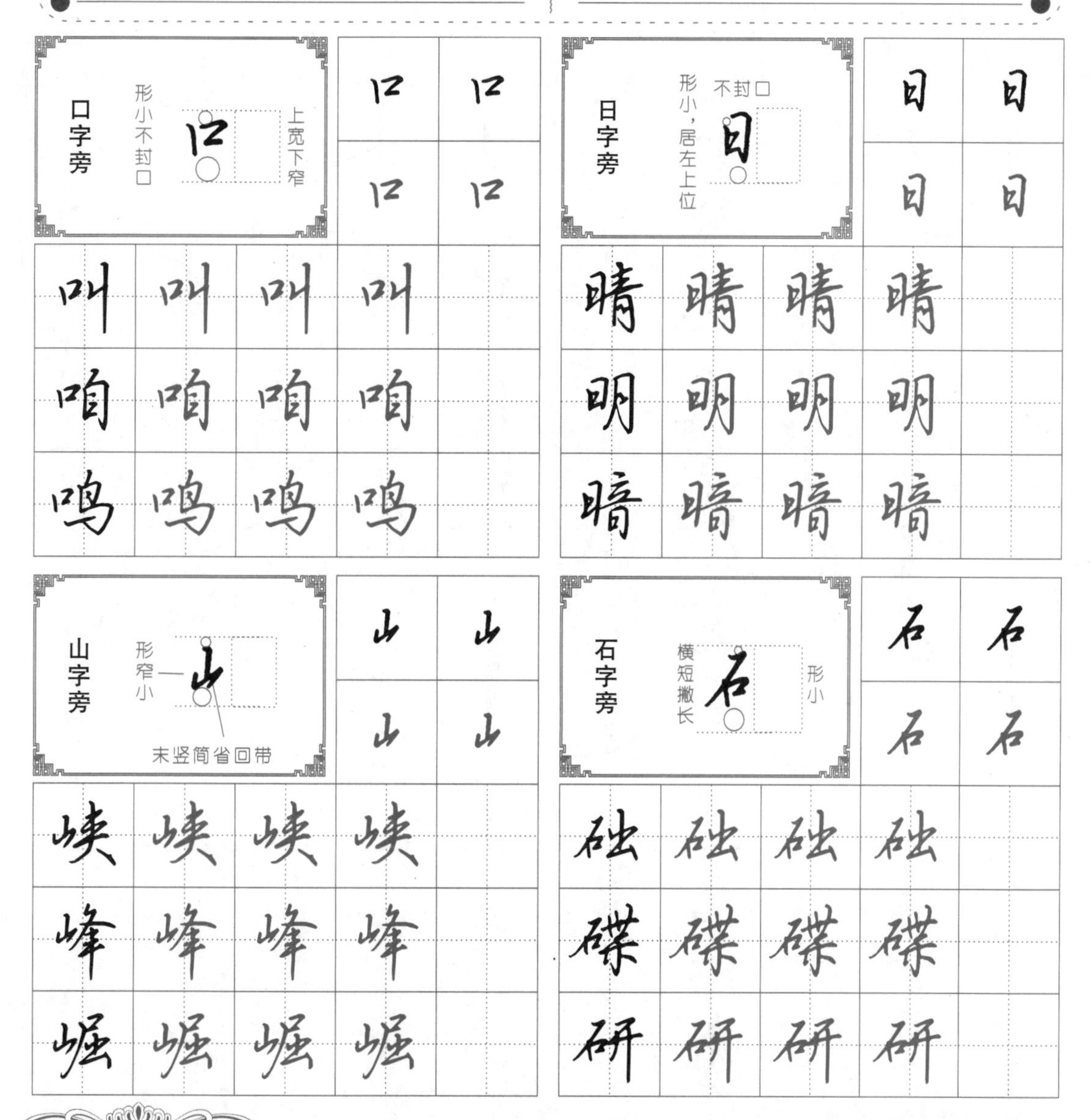


美人卷珠帘，深坐蹙蛾眉。但见泪痕湿，不知心恨谁。

《怨情》
李白

# 第三十一课 包围结构字中的偏旁(三)

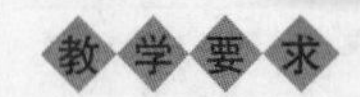

教学要求

学习走之底、建字底、走字底和画字框这四个包围结构字中的偏旁，掌握它们的写法和应用。建议2课时。

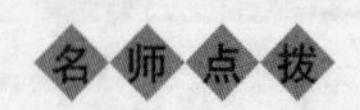

名师点拨

走之底、建字底和走字底是左下包围结构字的偏旁，画字框是下包上结构字的偏旁，要把握好它们与被包部分的关系。

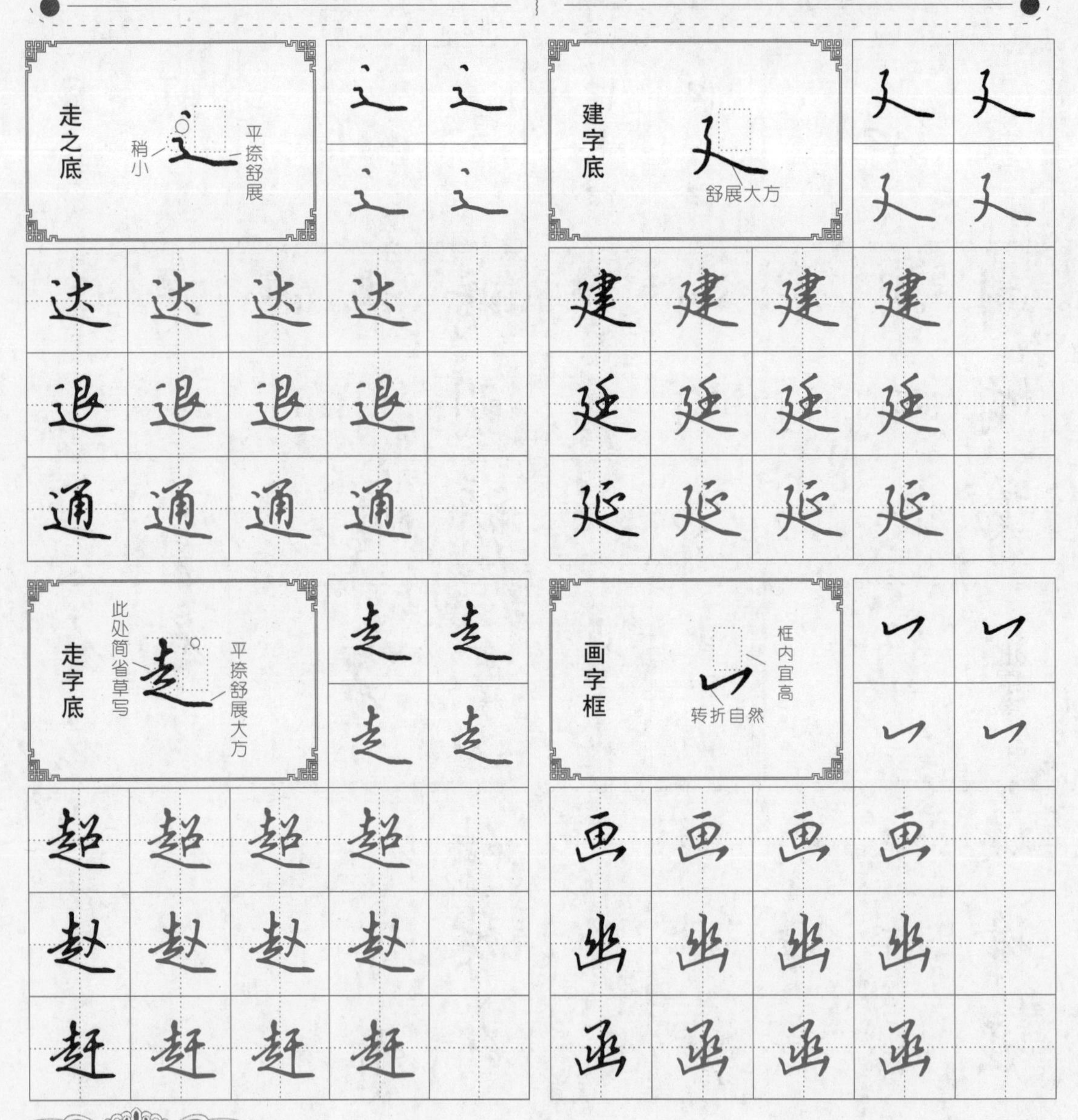

《弹琴》

刘长卿

泠泠七弦上，静听松风寒。

古调虽自爱，今人多不弹。

# 第十一课　左右结构字中的左偏旁(二)

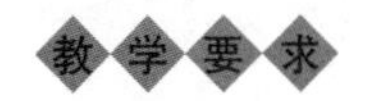


学习工字旁、又字旁、土字旁和王字旁这四个左右结构字中的左偏旁，掌握它们的写法和应用。建议 2 课时。

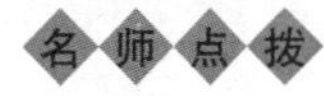


偏旁部首是笔画的初步组合，在这一过程中，应注意笔画的运用。练习这种组合，既巩固了笔画学习，又练习了偏旁部首。

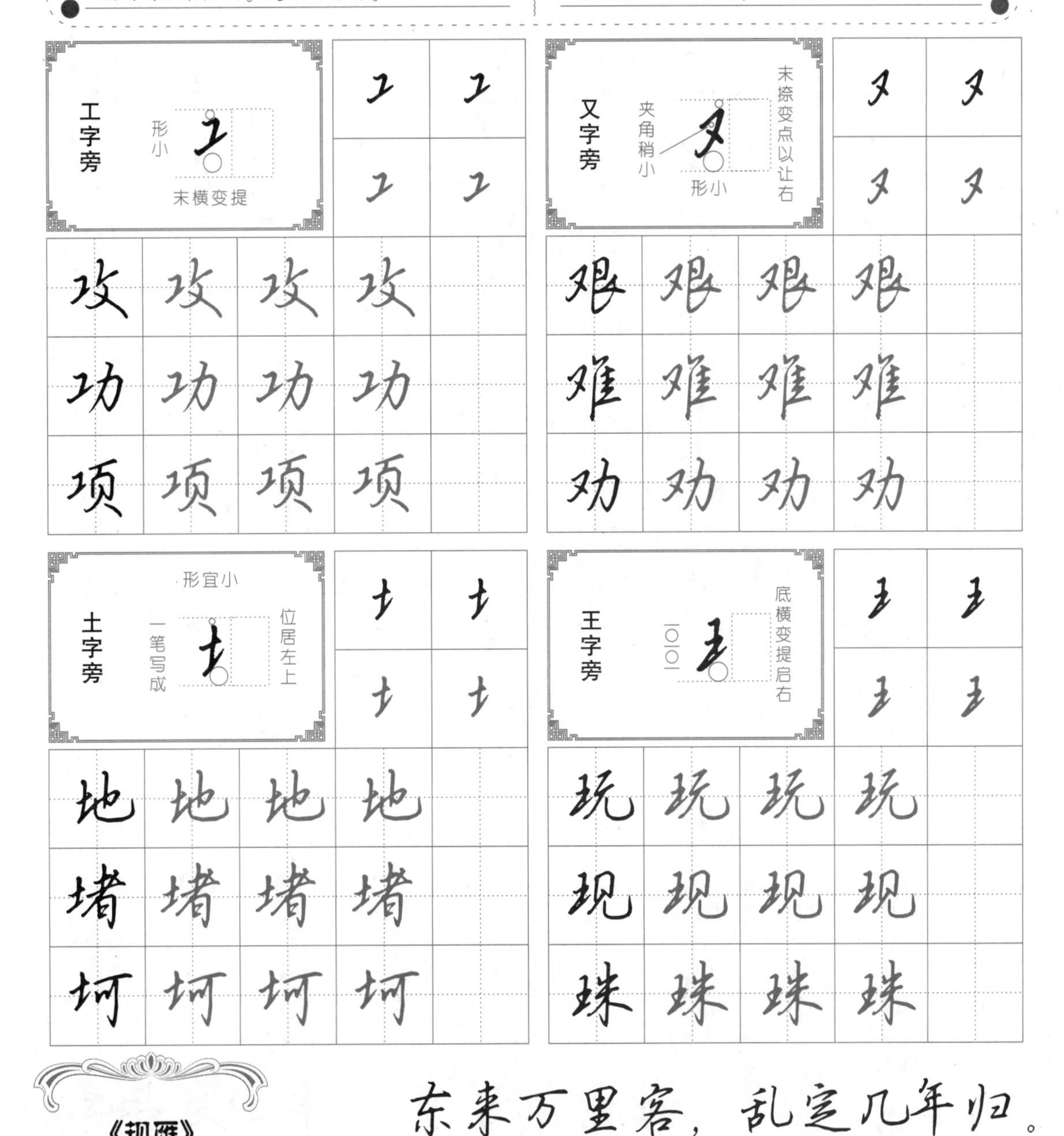


《观雁》
杜甫

东来万里客，乱定几年归。
肠断江城雁，高高正北飞。

# 第三十课　包围结构字中的偏旁(二)

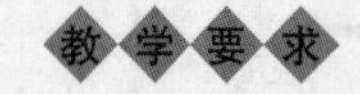


学习包围结构字中的偏旁——病字头、虎字头、气字头和句字框，掌握它们的写法和应用。建议2课时。

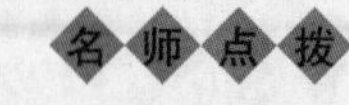


病字头和虎字头属于左上包围结构字的偏旁，气字头和句字框则是右上包围结构字的偏旁，被包部分应稍偏左。

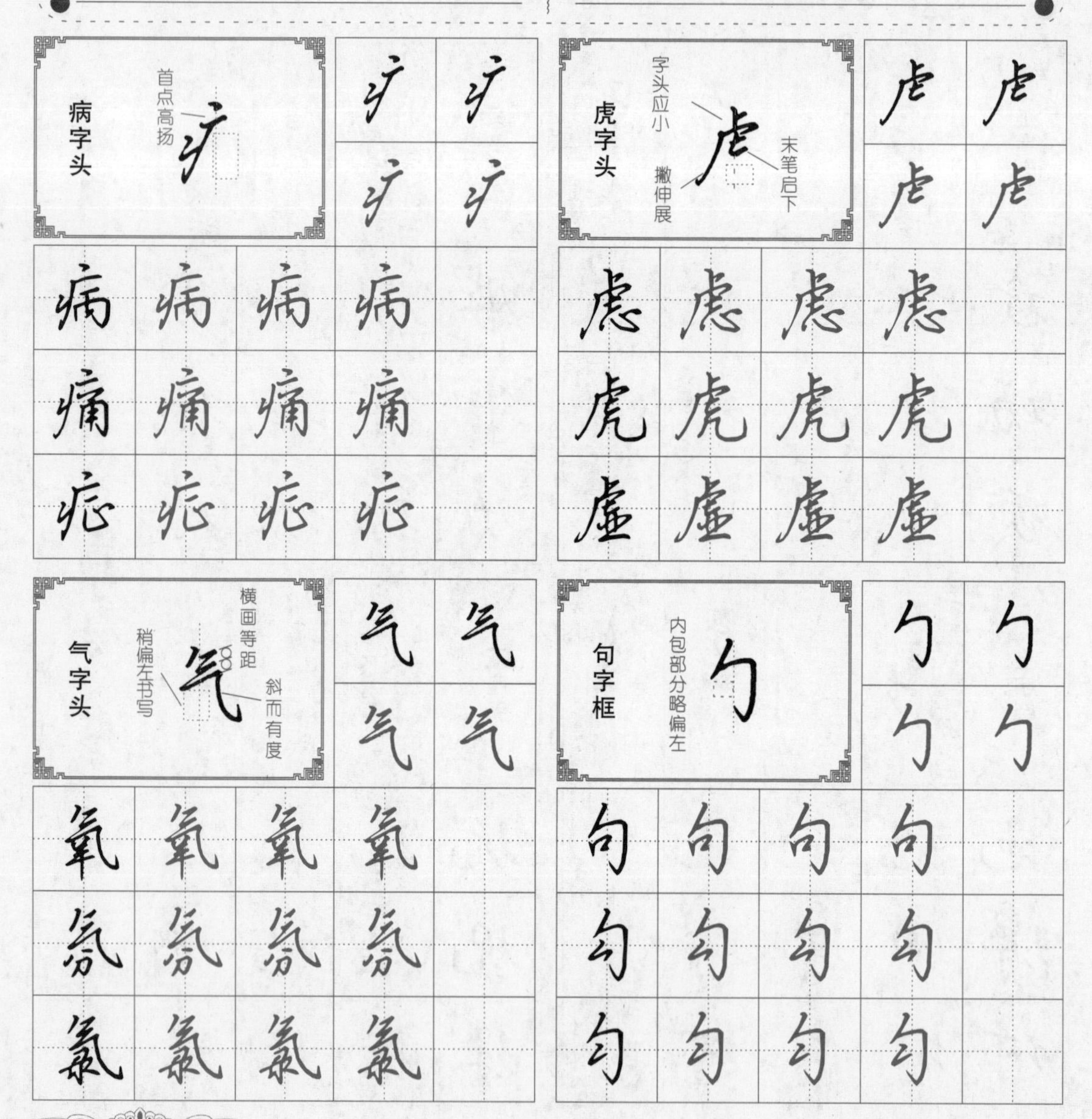


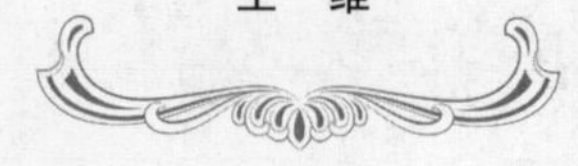

《竹里馆》

王　维

独坐幽篁里，弹琴复长啸。

深林人不知，明月来相照。

# 第十二课 左右结构字中的左偏旁(三)

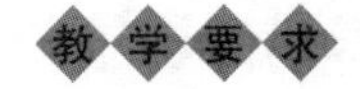

**教学要求**

学习左右结构字中的左偏旁——立字旁、田字旁、舌字旁和虫字旁，掌握它们的写法和应用。建议2课时。

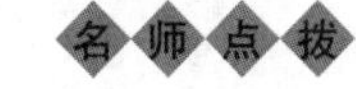

**名师点拨**

练习偏旁部首，要考虑字的整体结构，要根据这个字独有的形体特征，去有意识地为其余部分留有空余之地。

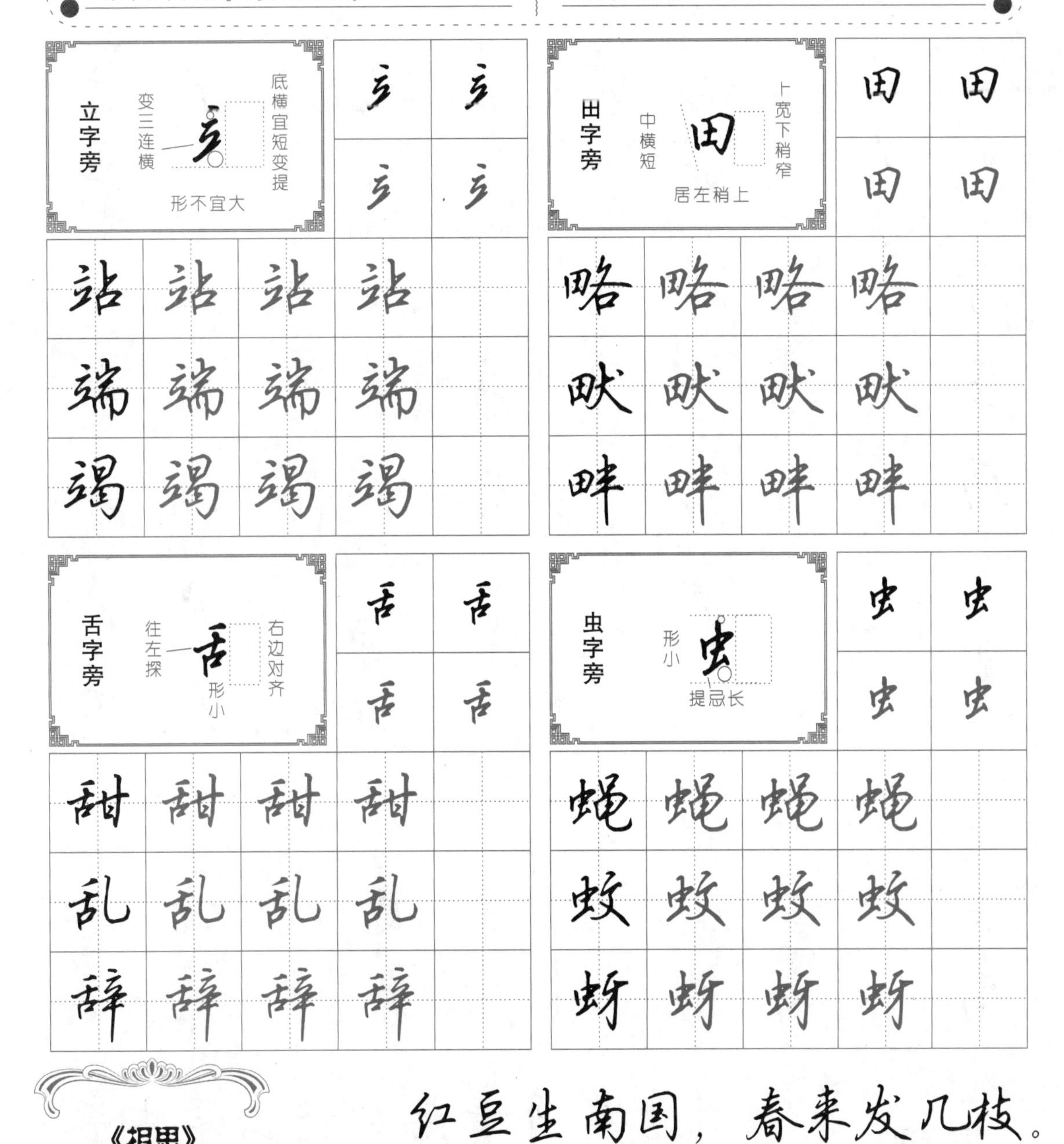


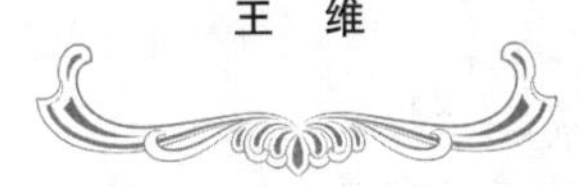

《相思》
王 维

红豆生南国，春来发几枝。
愿君多采撷，此物最相思。

# 第二十九课　包围结构字中的偏旁(一)

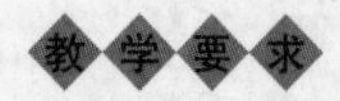

教学要求

学习厂字头、广字头、尸字头和户字头这四个包围结构字中的偏旁，掌握它们的写法和应用。建议2课时。

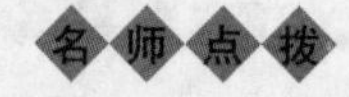

名师点拨

本课偏旁组成的字属于包围结构中的左上包围，偏旁与被包部分要动静结合、搭配合理，被包部分位置稍偏右。

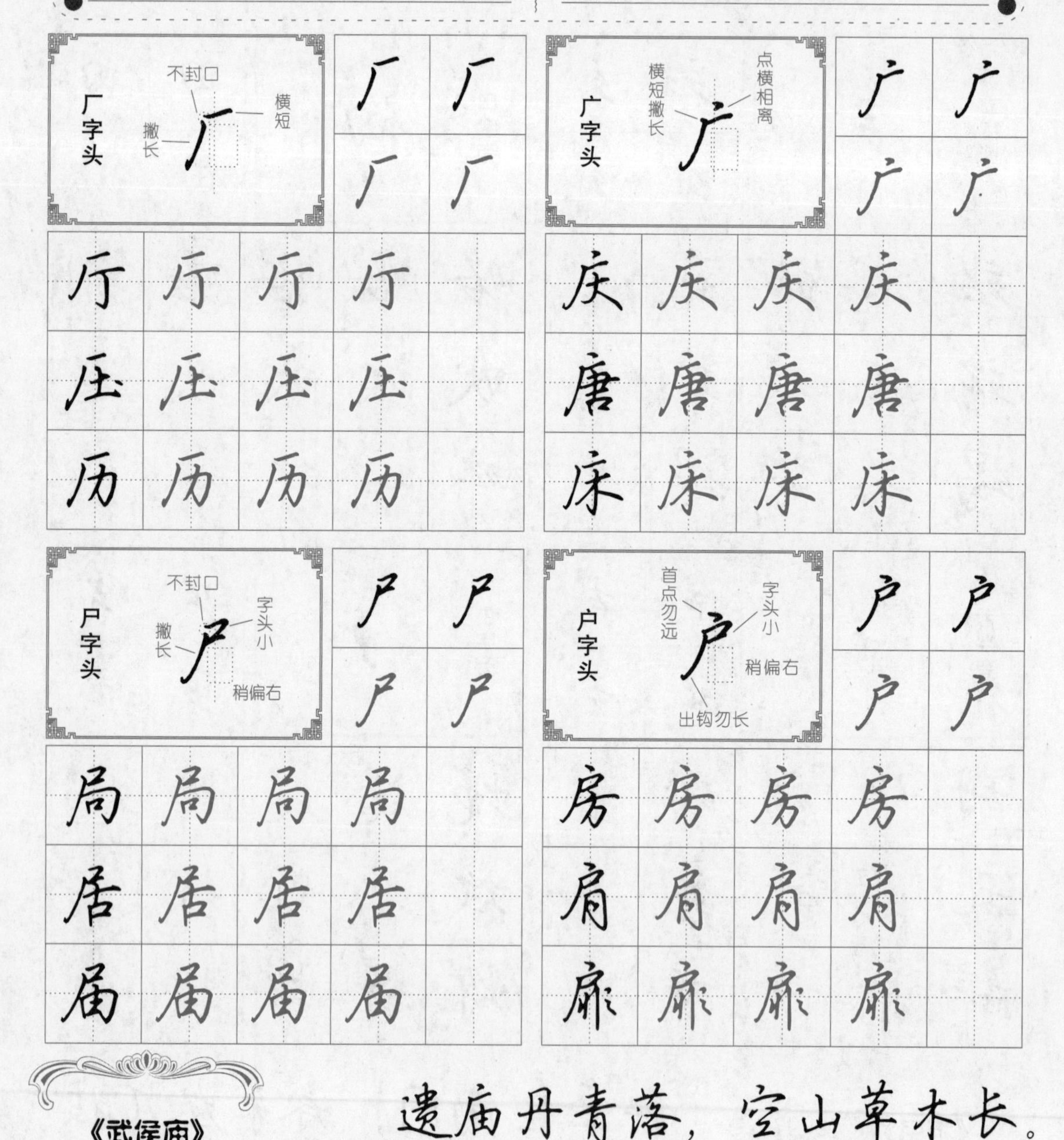


《武侯庙》

杜甫

遗庙丹青落，空山草木长。

犹闻辞后主，不复卧南阳。

# 第十三课 左右结构字中的左偏旁(四)

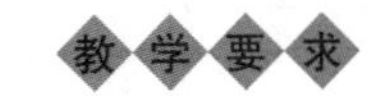

## 教学要求

学习两点水、三点水、单人旁和双人旁这四个左右结构字中的左偏旁，掌握它们的写法和应用。建议2课时。

## 名师点拨

本课除两点水属于短小偏旁外，其余三个偏旁都属于瘦长型偏旁，注意在书写时不能过宽，也不能太短。

两点水：上小下大

冯 冯 冯 冯
冰 冰 冰 冰
决 决 决 决

三点水：上下断开；下部连带

汁 汁 汁 汁
江 江 江 江
汉 汉 汉 汉

单人旁：撇回锋；牵丝启右；撇长竖短

仍 仍 仍 仍
他 他 他 他
们 们 们 们

双人旁：短；长；竖带提启右

行 行 行 行
街 街 街 街
德 德 德 德

《宿建德江》
孟浩然

移舟泊烟渚，日暮客愁新。
野旷天低树，江清月近人。

# 第二十八课　上下结构字中的字底(二)

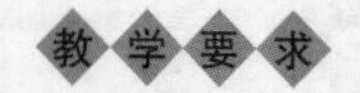

**教学要求**

学习上下结构字中的字底——心字底、皿字底、四点底和儿字底，掌握它们的写法和应用。建议2课时。

**名师点拨**

本课所学字底都属于扁宽型，要写得宽扁大方，承载上部。注意心字底在字中的运用，要偏右书写，以显灵动。

**心字底**

首点右收　横连点　卧钩莫长，圆浑有力

心 心 心 心

志 志 志 志

恩 恩 恩 恩

态 态 态 态

**皿字底**

底横稍长　框形上宽下窄

皿 皿 皿 皿

盐 盐 盐 盐

益 益 益 益

盆 盆 盆 盆

**四点底**

首点略重　向左下行　后三点流动连带

灬 灬 灬 灬

杰 杰 杰 杰

热 热 热 热

烈 烈 烈 烈

**儿字底**

撇不宜长　形扁宽　钩稍长

儿 儿 儿 儿

兄 兄 兄 兄

充 充 充 充

克 克 克 克

《对雪献从兄虞城宰》

李　白

昨夜梁园里，弟寒兄不知。

庭前看玉树，肠断忆连枝。

# 第十四课　左右结构字中的左偏旁(五)

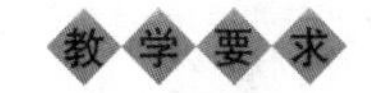


学习左右结构字中的左偏旁——提手旁、牛字旁、车字旁和子字旁，掌握它们的写法和应用。建议2课时。

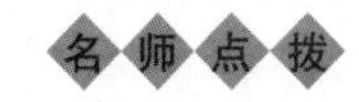


本课所学四个偏旁有两点共性：一是都应用了前面所学的简化符号“方折线”，二是都是一笔写成。大家在练习时要注意把握。

**提手旁** 扌：上下一笔写成；右齐

扌 扌 扌 扌

打 打 打 打

把 把 把 把

握 握 握 握

**牛字旁** 牜：提画较长；一笔写成

牜 牜 牜 牜

妆 妆 妆 妆

特 特 特 特

犊 犊 犊 犊

**车字旁** 车：一笔写成；提画让右

车 车 车 车

转 转 转 转

轻 轻 轻 轻

斩 斩 斩 斩

**子字旁** 子：夹角适当；末横变提启右；一笔写成

子 子 子 子

孩 孩 孩 孩

孔 孔 孔 孔

孙 孙 孙 孙

《送崔九》
裴迪

归山深浅去，须尽丘壑美。
莫学武陵人，暂游桃源里。

# 第二十七课　上下结构字中的字底(一)

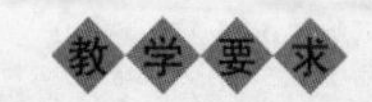

**教学要求**

学习水字底、贝字底、十字底和木字底这四个上下结构字中的字底，掌握它们的写法和应用。建议2课时。

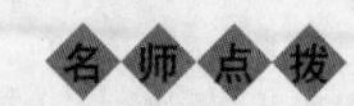

**名师点拨**

为承载上部，字底一般都应写得宽扁大方，但若遇到字的上半部分有长横、撇捺等宽大笔画时，则要相应收敛。

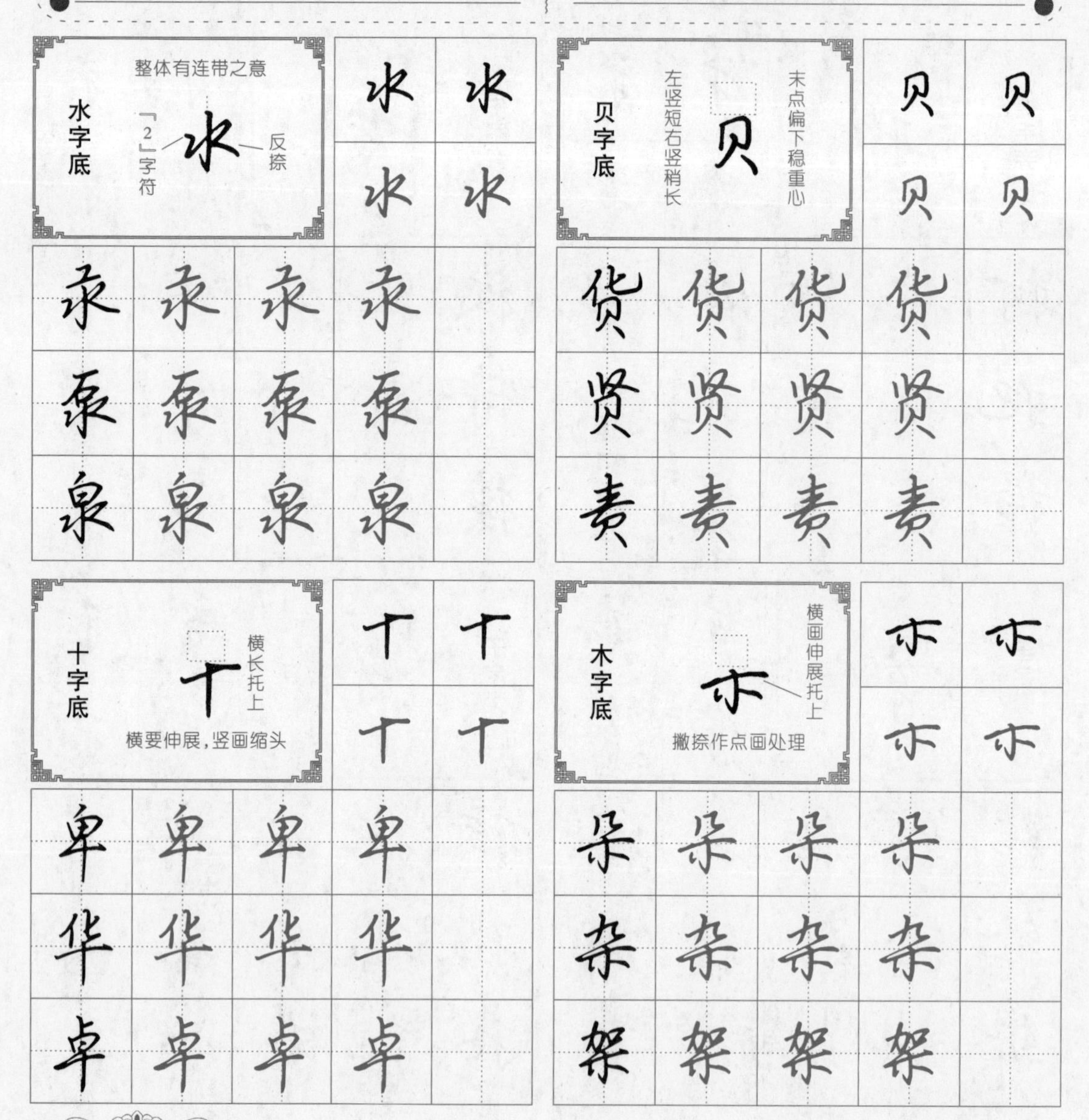


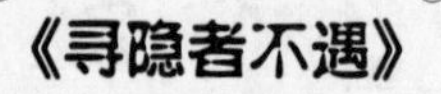

《寻隐者不遇》

贾　岛

松下问童子，言师采药去。

只在此山中，云深不知处。

# 第十五课　左右结构字中的左偏旁(六)

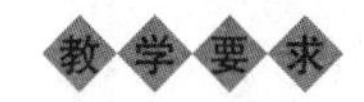

学习木字旁、禾字旁、米字旁和示字旁这四个左右结构字中的左偏旁，掌握它们的写法和应用。建议2课时。

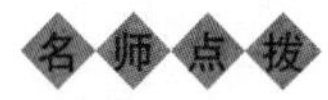

本课所学偏旁写法上都有改“放”为“收”的变化，这种变化不但增强了字在整体上的动势，而且还体现了字的力量。

木字旁：横短竖长；撇捺改撇提以启右

村 村 村 村
权 权 权 权
样 样 样 样

禾字旁：左伸；右齐

秋 秋 秋 秋
秘 秘 秘 秘
秆 秆 秆 秆

米字旁：撇捺改撇提启右；右齐

粉 粉 粉 粉
精 精 精 精
粘 粘 粘 粘

示字旁：点横分离；撇点改为撇提

社 社 社 社
祺 祺 祺 祺
礼 礼 礼 礼

《江雪》
柳宗元

千山鸟飞绝，万径人踪灭。
孤舟蓑笠翁，独钓寒江雪。

# 第二十六课　上下结构字中的字头(三)

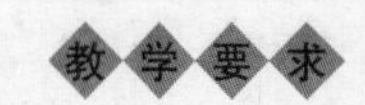

教学要求

学习上下结构字中的字头——人字头、大字头、条文头和春字头，掌握它们的写法和应用。建议2课时。

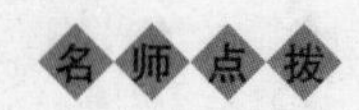

名师点拨

字头在字中具有领首作用，但其宽窄大小应视字的布势而定。如本课字头属于天覆型字头，就要写得舒展大方。

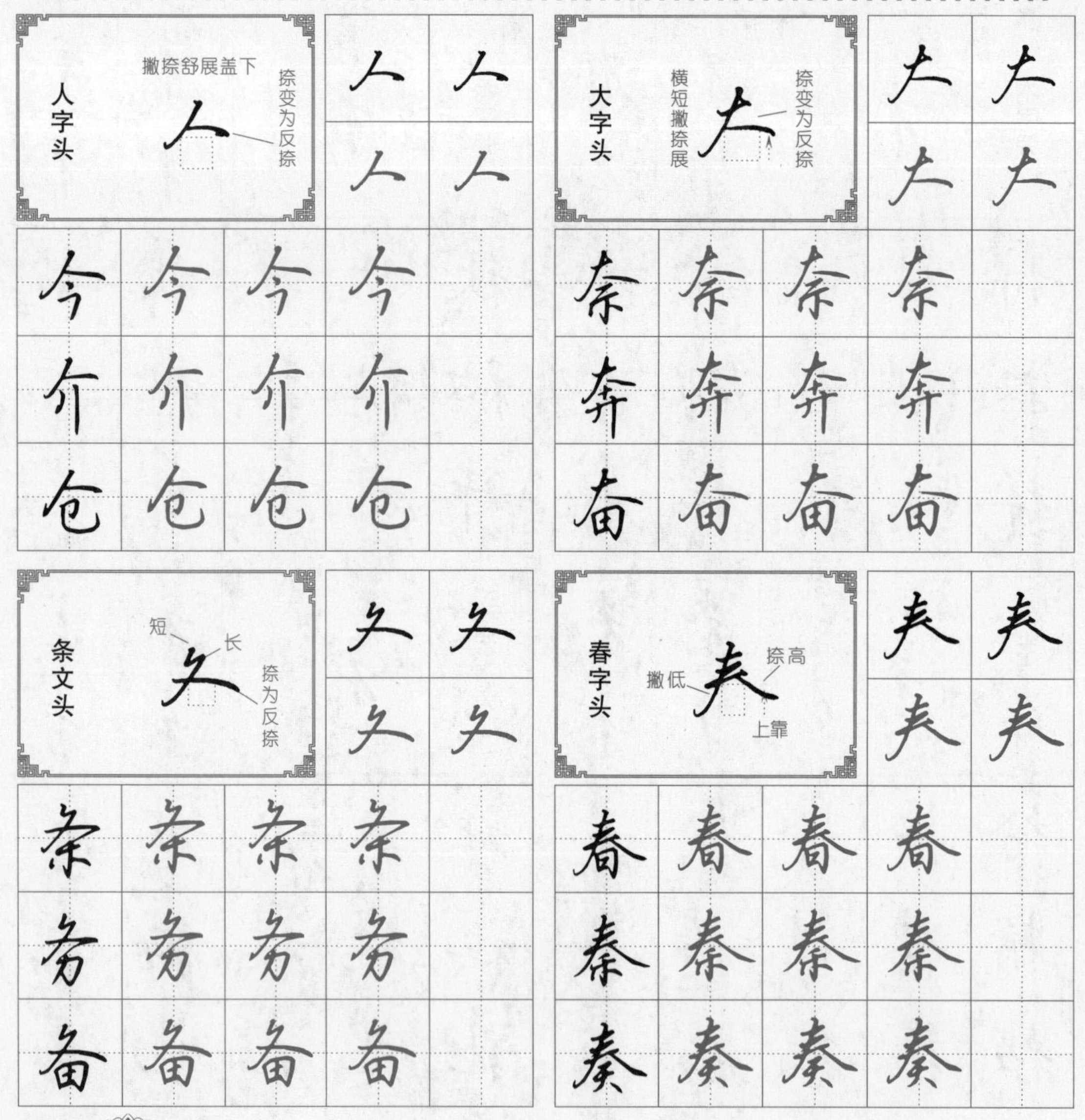


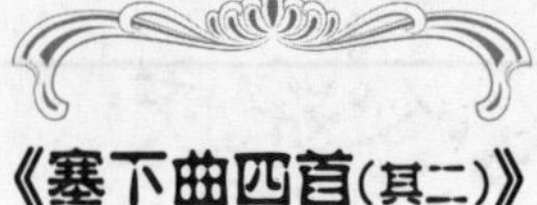

《塞下曲四首(其二)》
卢　纶

林暗草惊风，将军夜引弓。
平明寻白羽，没在石棱中。

# 第十六课　左右结构字中的左偏旁(七)

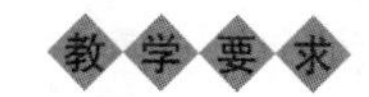

**教学要求**

学习左右结构字中的左偏旁——女字旁、火字旁、矢字旁和贝字旁，掌握它们的写法和应用。建议2课时。

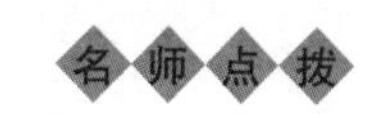

**名师点拨**

本课四个偏旁的下半部分在书写时有一定共性。此外，除贝字旁外都属于左斜型偏旁，书写时要注意整个字的重心平稳。

**女字旁**

女

横左伸，右不出头

注意重心平稳

| 女 | 女 |
|---|---|
| 女 | 女 |

| 妇 | 妇 | 妇 | 妇 | |
|---|---|---|---|---|
| 娃 | 娃 | 娃 | 娃 | |
| 姻 | 姻 | 姻 | 姻 | |

**火字旁**

火

撇弧较大

捺变为点

| 火 | 火 |
|---|---|
| 火 | 火 |

| 煤 | 煤 | 煤 | 煤 | |
|---|---|---|---|---|
| 炼 | 炼 | 炼 | 炼 | |
| 灿 | 灿 | 灿 | 灿 | |

**矢字旁**

矢

前四笔连写

此横稍长

右齐

| 矢 | 矢 |
|---|---|
| 矢 | 矢 |

| 短 | 短 | 短 | 短 | |
|---|---|---|---|---|
| 知 | 知 | 知 | 知 | |
| 矩 | 矩 | 矩 | 矩 | |

**贝字旁**

贝

框不宜宽

捺变点

| 贝 | 贝 |
|---|---|
| 贝 | 贝 |

| 赐 | 赐 | 赐 | 赐 | |
|---|---|---|---|---|
| 则 | 则 | 则 | 则 | |
| 贩 | 贩 | 贩 | 贩 | |

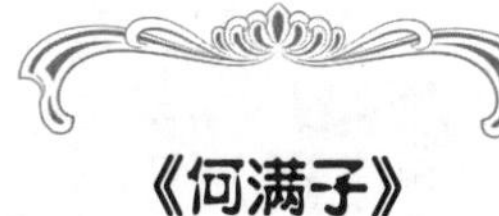

《何满子》
张祜

故国三千里，深宫二十年。
一声何满子，双泪落君前。

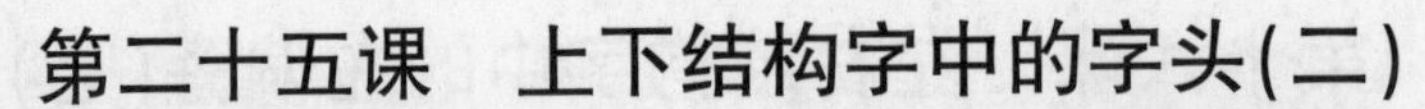

# 第二十五课　上下结构字中的字头(二)

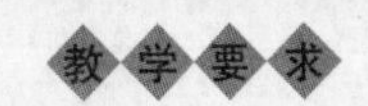

**教学要求**

学习秃宝盖、宝盖头、穴宝盖和雨字头这四个上下结构字中的字头，掌握它们的写法和应用。建议2课时。

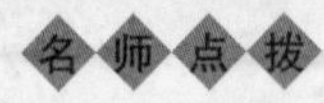

**名师点拨**

宝盖类字头写法近似，末笔都启下，布势一般应扁宽，但如果字的下半部分有横长笔画，则要相应收缩。

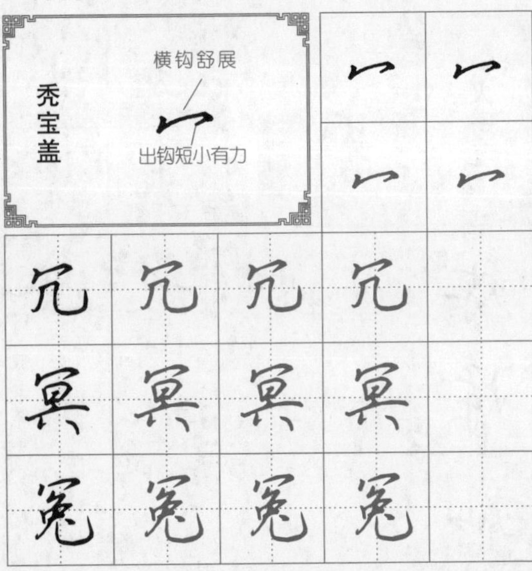


宝盖头

点居中

宽窄因字而异

点与横钩可断可连

宁 宁 宁 宁

宇 宇 宇 宇

宅 宅 宅 宅

穴宝盖

点居中

此点回带启下

究 究 究 究

窃 窃 窃 窃

窄 窄 窄 窄

雨字头

横宜短

形扁宽

四点呼应末点启下

雪 雪 雪 雪

需 需 需 需

雷 雷 雷 雷

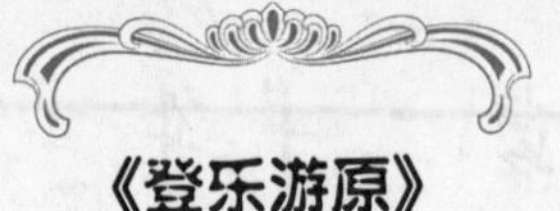

**《登乐游原》**

李商隐

向晚意不适，驱车登古原。

夕阳无限好，只是近黄昏。

# 第十七课　左右结构字中的左偏旁(八)

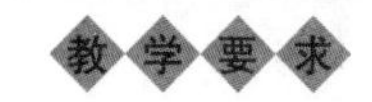

教学要求

学习言字旁、绞丝旁、食字旁和金字旁这四个左右结构字中的左偏旁，掌握它们的写法和应用。建议2课时。

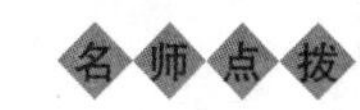

名师点拨

本课所学偏旁的一个显著共性是“末提启右”，所以在书写时要注意它们与字右部分的呼应与连接。

言字旁：点横相呼应；提可稍长

讠 讠 讠 讠

计 计 计 计
设 设 设 设
记 记 记 记

绞丝旁：重心要稳；一笔写成

纟 纟 纟 纟

经 经 经 经
织 织 织 织
结 结 结 结

食字旁：字头不宜大；出提有力

饣 饣 饣 饣

饭 饭 饭 饭
馆 馆 馆 馆
饮 饮 饮 饮

金字旁：撇长；横短，有时以点代替；一笔写成

钅 钅 钅 钅

铁 铁 铁 铁
铝 铝 铝 铝
钢 钢 钢 钢

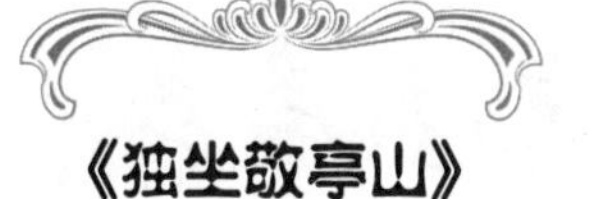

《独坐敬亭山》
李　白

众鸟高飞尽，孤云独去闲。
相看两不厌，只有敬亭山。

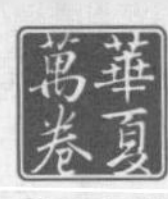



# 第二十四课　上下结构字中的字头(一)

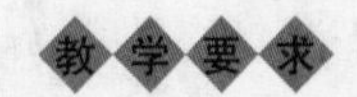

学习上下结构字中的字头——草字头、竹字头、山字头和日字头，掌握它们的写法和应用。建议2课时。

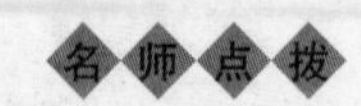

上下结构字中的字头可以写宽，但不能写高，一般呈扁宽型。行楷中，字头一般都意连下部，使整个字浑然一体。

草字头：横长短因字而异；启下

竹字头：牵丝连带；回锋启带下部

草 草 草 草
茅 茅 茅 茅
节 节 节 节

符 符 符 符
答 答 答 答
笔 笔 笔 笔

山字头：形扁阔；竖短；末竖简写启下

日字头：可不封口；上宽下窄

岁 岁 岁 岁
岂 岂 岂 岂
岸 岸 岸 岸

量 量 量 量
星 星 星 星
景 景 景 景

《听筝》 李端

鸣筝金粟柱，素手玉房前。
欲得周郎顾，时时误拂弦。

# 第十八课　左右结构字中的左偏旁(九)

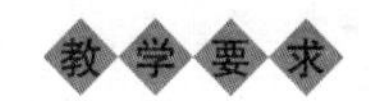

学习左右结构字中的左偏旁——竖心旁、将字旁、巾字旁和韦字旁，掌握它们的写法和应用。建议2课时。

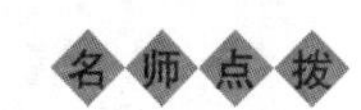

偏旁在左时，或左缩右伸，或左伸右缩，因字而异，但一般要写得瘦些，为右部让出空间。本课偏旁即属于瘦长型偏旁。

**竖心旁**（①②③ 带钩启右）

| 忄 | 忄 |
|---|---|
| 忄 | 忄 |

| 情 | 情 | 情 | 情 |
|---|---|---|---|
| 怀 | 怀 | 怀 | 怀 |
| 忧 | 忧 | 忧 | 忧 |

**将字旁**（①② 两点连写 提画启右）

| 丬 | 丬 |
|---|---|
| 丬 | 丬 |

| 壮 | 壮 | 壮 | 壮 |
|---|---|---|---|
| 状 | 状 | 状 | 状 |
| 将 | 将 | 将 | 将 |

**巾字旁**（竖居中 框稍小 垂露竖稍长）

| 巾 | 巾 |
|---|---|
| 巾 | 巾 |

| 帖 | 帖 | 帖 | 帖 |
|---|---|---|---|
| 帐 | 帐 | 帐 | 帐 |
| 帽 | 帽 | 帽 | 帽 |

**韦字旁**（整体宜窄 横折宜小）

| 韦 | 韦 |
|---|---|
| 韦 | 韦 |

| 韧 | 韧 | 韧 | 韧 |
|---|---|---|---|
| 韬 | 韬 | 韬 | 韬 |
| 韫 | 韫 | 韫 | 韫 |

《绝句二首(其一)》
杜甫

迟日江山丽，春风花草香。
泥融飞燕子，沙暖睡鸳鸯。

# 第二十三课　左右结构字中的右偏旁(三)

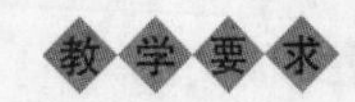

教学要求

学习立刀旁、三撇旁、鸟字旁和隹字旁这四个左右结构字中的右偏旁，掌握它们的写法和应用。建议2课时。

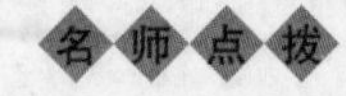

名师点拨

右偏旁根据自身的复杂程度，在字中的占位不尽相同，如立刀旁和三撇旁笔画少则占位窄，鸟字旁和隹字旁笔画多则占位宽。

立刀旁：稍短；稍长，可去钩；两笔连带

刂 刂 刂 刂

刊 刊 刊 刊

判 判 判 判

别 别 别 别

三撇旁：连写呈游动状

彡 彡 彡 彡

形 形 形 形

衫 衫 衫 衫

杉 杉 杉 杉

鸟字旁：横左伸；居右形宽

鸟 鸟 鸟 鸟

鸥 鸥 鸥 鸥

鹊 鹊 鹊 鹊

鹃 鹃 鹃 鹃

隹字旁：改变笔顺，草写；笔画交代清楚

隹 隹 隹 隹

雄 雄 雄 雄

雅 雅 雅 雅

难 难 难 难

《杂诗三首(其二)》
王　维

君自故乡来，应知故乡事。
来日绮窗前，寒梅著花未？

# 第十九课　左右结构字中的左偏旁(十)

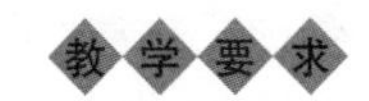

教学要求

学习方字旁、歹字旁、弓字旁和反犬旁这四个左右结构字中的左偏旁，掌握它们的写法和应用。建议2课时。

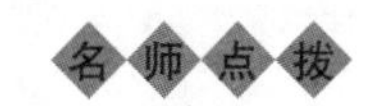

名师点拨

本课所学偏旁都属于带有一定斜势的左偏旁，在书写过程中要把握好“斜而不倒，重心平稳”的书写原则。

方字旁：首点高扬；横画扛肩；左伸右缩

方 方 方 方

施 施 施 施

旗 旗 旗 旗

旗 旗 旗 旗

歹字旁：末点不出头；前三笔连写

歹 歹 歹 歹

残 残 残 残

列 列 列 列

殒 殒 殒 殒

弓字旁：钩稍平；折画较多，注意变化

弓 弓 弓 弓

弹 弹 弹 弹

弘 弘 弘 弘

弛 弛 弛 弛

反犬旁：曲头；指向不一；不出头

犭 犭 犭 犭

狼 狼 狼 狼

猫 猫 猫 猫

猎 猎 猎 猎

《送别》
王　维

山中相送罢，日暮掩柴扉。
春草年年绿，王孙归不归。

# 第二十二课　左右结构字中的右偏旁(二)

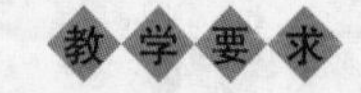

教学要求

学习左右结构字中的右偏旁——欠字旁、页字旁、反文旁和殳字旁，掌握它们的写法和应用。建议2课时。

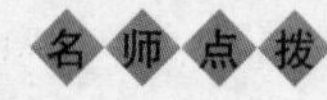

名师点拨

左右结构字中的右偏旁如果末笔为捺画时，一般有两种处理方法：一是继续用正捺，要写得舒展；二是改用反捺，以稳定重心。

欠字旁：欠

行笔圆润；前三笔连写；反捺，平稳重心

欠 欠 欠 欠

欣 欣 欣 欣

款 款 款 款

欲 欲 欲 欲

页字旁：页

横画右伸以让左；末为长点

页 页 页 页

颀 颀 颀 颀

颂 颂 颂 颂

顶 顶 顶 顶

反文旁：攵

首撇高起；行笔圆润

攵 攵 攵 攵

改 改 改 改

败 败 败 败

故 故 故 故

殳字旁：殳

撇小；捺伸展；笔画有连带之意

殳 殳 殳 殳

段 段 段 段

殿 殿 殿 殿

殴 殴 殴 殴

《绝句二首(其二)》
杜甫

江碧鸟逾白，山青花欲燃。
今春看又过，何日是归年。

# 第二十课　左右结构字中的左偏旁(十一)

**教学要求**

学习左右结构字中的左偏旁——月字旁、耳字旁、舟字旁和身字旁，掌握它们的写法和应用。建议2课时。

**名师点拨**

本课偏旁笔画较多，整体瘦长，在书写时要把笔画交代清楚。耳字旁、舟字旁和身字旁中的提画都右边不出头。

**月字旁**：月　形窄长；后三笔连写

| 月 | 月 |
|---|---|
| 月 | 月 |

| 肥 | 肥 | 肥 | 肥 | |
|---|---|---|---|---|
| 肠 | 肠 | 肠 | 肠 | |
| 服 | 服 | 服 | 服 | |

**耳字旁**：耳　垂露，也可附钩；内部两横变点

| 耳 | 耳 |
|---|---|
| 耳 | 耳 |

| 职 | 职 | 职 | 职 | |
|---|---|---|---|---|
| 聪 | 聪 | 聪 | 聪 | |
| 联 | 联 | 联 | 联 | |

**舟字旁**：舟　左伸，右不出头；两点变为一竖

| 舟 | 舟 |
|---|---|
| 舟 | 舟 |

| 般 | 般 | 般 | 般 | |
|---|---|---|---|---|
| 船 | 船 | 船 | 船 | |
| 航 | 航 | 航 | 航 | |

**身字旁**：身　撇短；不出头；中间两横变为点

| 身 | 身 |
|---|---|
| 身 | 身 |

| 射 | 射 | 射 | 射 | |
|---|---|---|---|---|
| 躯 | 躯 | 躯 | 躯 | |
| 躲 | 躲 | 躲 | 躲 | |

**《送灵澈》**
刘长卿

苍苍竹林寺，杳杳钟声晚。
荷笠带斜阳，青山独归远。

# 第二十一课 左右结构字中的右偏旁(一)

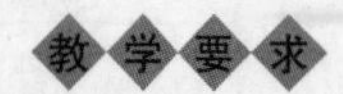

**教学要求**

学习左耳刀以及右耳刀、单耳刀和力字旁这三个左右结构字中的右偏旁，掌握它们的写法和应用。建议2课时。

**名师点拨**

掌握本课偏旁的要点有二：一是前三个偏旁耳部是关键；二是后三个偏旁在字中的位置都一样，位居字的右下部。

左耳刀：耳小 断开 竖短带钩启右

阝 阝 阝 阝

陈 陈 陈 陈
队 队 队 队
防 防 防 防

右耳刀：耳部稍大 宜作悬针竖

阝 阝 阝 阝

郭 郭 郭 郭
邓 邓 邓 邓
郑 郑 郑 郑

单耳刀：位居右下 悬针

卩 卩 卩 卩

叩 叩 叩 叩
却 却 却 却
即 即 即 即

力字旁：重心平稳 撇长短因字而异

力 力 力 力

劲 劲 劲 劲
动 动 动 动
劭 劭 劭 劭

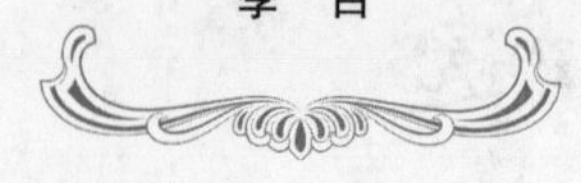

《玉阶怨》
李白

玉阶生白露，夜久侵罗袜。
却下水晶帘，玲珑望秋月。